子育てが楽になる
アンガーマネジメント

上手に怒る人になる

小渕朝子 著

Forest Books

はじめに

この本を手に取ってくださったあなたは、自分の怒りについて悩んでいらっしゃるのかもしれません。怒りで後悔してばかりで、「何とかしたい。怒りのコントロールができるようになりたい」と願っていらっしゃるかもしれません。

この本はまさにそのような方のために書かれました。自分の怒りと上手につきあう方法であるアンガーマネジメントについて、初めての方でもわかるように紹介しています。読んだら終わりではなく、実践できるように、具体的な対処法もたくさん紹介しています。

ですから、この本は少しずつ、例えば一章ずつ読み進めるのが理想的です。一章読んでは、そこに書かれていることを試してみる、または、自分に当てはめて考えてみる、そんな使い方をしていただければと思います。

また、「子育てが楽になる」というサブタイトルをつけていますが、子育て中の方はもちろん、そうでない方も、さまざまな人間関係において応用できるようになっています。
　怒りはほかの感情に比べてとてもパワフルな感情。時に、人間関係にしこりを作ったり、精神的なダメージを引き起こすこともあるでしょう。怒りは良くない感情だと思っている方も多いかもしれません。
　でも、実は、建設的な怒りや役に立つ怒りもあるのです。怒りの感情に振り回されて後悔や自己嫌悪でいっぱいの生活から、怒りをコントロールして上手に表現する健康的な生活へ。本書がそのガイドになれば幸いです。

　また、章の終わりに聖書のことばが入っている箇所があります。これは、私が個人的に気にいっていたり、助けられていることばですが、聖書には怒りに関連することばがたくさんあるのです。これも、「怒り」が人間にとって大昔から大きな課題であることの表れかもしれませんね。

小渕朝子

目次

第一章

自分の怒りと向き合ってみよう

✸アンガーマネジメントってなに？

アンガーマネジメントとは、一言で言えば、「怒りと上手につきあうための心理トレーニング」、心理学に基づく怒りの感情のコントロール術です。

一九七〇年代にアメリカで始まったと言われています。当初は、犯罪を犯した人のための矯正の一環として、刑務所や少年院など司法領域で用いられてきましたが、現在では、アメリカでも日本でも、学校や医療・福祉施設、企業研修などで、子どもから大人まで多様な人たちのために導入されるようになってきました。

怒りの感情のコントロールというと、「怒りを抑える、我慢する」ことだと思われるかもしれませんが、そうではありません。あとで述べますが、怒りは人間にとって大切な感情ですので、アンガーマネジメントとは、「怒りを一切なくす」ことを目指すのではなく、「怒る必要のないことは怒らない、必要のあることはきちんと怒る」ためのものです。

✸そもそも怒りの感情ってなに？

喜怒哀楽ということばがあるように、怒りは人間に備わった基本的な感情の一つと捉えることができます。心理学者の湯川進太郎氏は、『怒りの心理学』（有斐閣）の中で、怒りには認知的、生理的、進化的、社会的な四つの捉え方があるとしたうえで、怒りとは、「自己もしくは社会への、不当なもしくは故意による（と認知される）、物理的もしくは心理的な侵害に対する、自己防衛もしくは社会維持のために喚起された、心身の準備状態」と述べています。

少し難しく感じるかもしれませんが、要するに、「怒りは、自分または自分の属する集団への、物理的心理的な侵害に対する防衛であり、心身の変化を伴うもの」とまとめることができると思います。

だとすれば、怒りはとても大切なものだということがわかります。ですから、怒るべきところで怒りの感情を感じないとしたらそれはそれで問題なのです。また、ただ怒りを我慢して抑え込んでいる状態は、本当の意味で怒りのコントロールができているとはいえないのです。

✸怒りはコントロールできるの？

というわけで、怒りは大切な感情だということを確認しましたが、それでは、怒りを感じたら場所や人を選ばずぶちまけてよいのかというとそうではありません。怒りには、建設的な怒りと、破壊的な怒り、また不要な怒りがあるのです。他人や自分を傷つけるような破壊的な怒りや、怒らなくてもよいことで怒る不必要な怒りはコントロールし、必要な怒りは適切に表現していくことが大切です。

怒りの感情は、喜び、悲しみ、驚きなど他の感情に比べてエネルギーが高く、パワフルです。「怒りにまかせる」という表現もあるように、「コントロールできない」と思う場面も多くあり、それが悩みやトラブルの種になることもしばしばです。

暴力や体罰や虐待などの事件でも、怒りにまかせて攻撃した人は、「ついカッとなってやってしまった」というふうに、怒りを自分でコントロールできないものとして捉えることが多いように思います

しかし、実のところ、怒りはコントロール可能なのです。

その理由の一つは、怒りという感情が人の「認知」と密接なかかわりがあるからです。「認知」とは、物事の見方、捉え方のことです。「解釈」や「思い込み」といってもよいかもしれません。これらはみな個人差のあることですから、怒りもまた、個人差のある感情だといえるのです。


ですから、怒りそのものというより、認知、思い込みをコントロールすることで、怒りの感情をコントロールできるのです。

まず自分の怒りに気づき、認知パターン（思い込み）に気づき、それを変えていく。そのことで、怒りを必要以上に膨れ上がらせずにすむのです。そして、怒る必要のあるときは、その伝え方のスキルを学ぶことで、建設的で効果的な方法で、怒りを表現していくことが可能になるのです。

✸怒りで失うもの、怒りから学ぶこと

怒りは暴走すると、ものすごい負のエネルギー、破壊的な力を発揮してしまうことがあります。

アンガーマネジメントを伝える講座で、「怒りで失ったものは何ですか？」と参加者に聞いてみると、いろいろな答えが返ってきます。

人間関係を壊した、相手との信頼関係が失われた、気力・体力が奪われた、時間を無駄にした、大事な物を壊した、自分のことが嫌いになった、子ども（相手）の自尊心を傷つけた、などなど。

有名なスポーツ選手や、政治家、芸能人なども、怒りにまかせた失言や衝動的な行動で失脚したり、名誉を失ったり、表舞台から姿を消した人も少なくありません。一瞬の激情のために失うものは、あまりにも大きいのです。

しかしは怒りには、建設的エネルギーに変わる要素もあります。

史上最高のテニスプレイヤーと言われているロジャー・フェデラーは、子どもの頃から、試合中に怒りを爆発させて失敗することがたびたびあったそうです。

しかし、よいメンタルトレーナーに出会い、アンガーマネジメントを学び、それが彼の目覚ましい活躍をもたらしたのではないかと分析している記事もあります（"Roger Federer and Anger Management"T.D.Zweifel）。フェデラー自身も、怒りのパワーを他者に向けるのではなく自分を奮起させることに使って、勝利を勝ち取ったと言っているのです。

H・G・レーナーは、『怒りのダンス』（誠信書房）という本の中で、特に女性に対して（男性にも有益だと思いますが）「自分の怒りに気づいてそれを賢く表現すること」や「怒りを感じる状況でのコミュニケーションのパターンを変えること」を勧めています。

怒りを賢く用いてそれを原動力とすることで、コミュニケーション、ひいては人間関係を変えていくことができるのだと思います。

このように怒りは、毒にもなれば薬にもなるという側面があるので、コントロール術を身につけて賢く扱うことがとても大切ではないでしょうか。

✸アンガーマネジメントと私

私がアンガーマネジメントということばを知ったのは、心理カウンセリングの仕事をする中で十年ほど前に本を読んだことがきっかけです。それは「キレやすい子ども」へのアンガーマネジメントについての本でした。

しかし、個人的に「これは自分に必要だ」と思ったのは、子育てに悩んだ六年ほど前のことです。

当時、小学校低学年だった息子がなかなか思うように動いてくれないので、私は毎日のように怒ってばかりいました。支度をするのに時間がかかる、やるべきことを先延ばしにする、片付けをしない、食事のマナーが悪い、など、「できていない」と思うところばかりが目につきました。特に宿題をやりたがらず、取りかかるのが遅くなり、必然的に寝る時間が遅くなることも毎日の怒りの種。

また、息子自身もかんしゃくを起こして、なかなか気持ちが切り替えられず、泣きわめいているうちに時間ばかりが過ぎていく……。そんな生活が嫌で逃げ出したくなるほどでした。

時に私のイライラがエスカレートしてここには書けないようなことをしたり、母親失格、カウンセラー失格だ、と落ち込んだこともあります。

そのうち息子が私を蹴ったりたたいたりするようになりました。まだ体が小さいからそれほど痛くはありませんでしたが、この先思春期になり、体も大きくなり力も強くなって、暴力的になったらどうしよう、今のうちに何とかしなくては、と焦る気持ちが出てきました。

身近な人にも相談しましたし、息子の学校のカウンセラーに相談に行ったこともあります。

同時に、ネットで「子育て　怒り」などと検索し、ヒットした本を読みあさりましたが、精神論がメインだったり（子どもを愛しなさい、など）、具体的なことが書いていなくて抽象的だったり（毅然とした態度で、など）ピンとくるものが見つかりませんでした。

たまたまネット上で「小学生の母親向け　アンガーマネジメント講座募集」というページが目に留まり（日本アンガーマネジメント協会講師の講座でした）、わらをもつかむ気持ちで思い切って参加したところ、これが大当たりでした！　実際的で今すぐ使えるテクニックと考え方のコツを知ったのです。

それ以来、本を読んだり、講座で覚えたことをコツコツと実践しながら、アンガーマネジメントファシリテーター™の資格を取り、人に教えることもしながら、数年過ごしてきました。効果としては、怒りの爆発の回数が明らかに減りました。また、小さなイライラも減ってきましたし、イライラしたり、落ち込むことがあっても、切り替えがうまくなったように思っています。

何より家族が私の変化にいちばん気づき、「お母さん変わったよね」と驚いていることは、大きな喜びです。息子との関係も確実に変わりました。ガミガミ小言を言うことは今でもありますが、しつこく怒ったり、暴言を吐いたり手を挙げるというようなことはなくなりました。息子も中学生になり思春期まっただ中ですが、ひどい反抗はなく、暴力をふるってきたりすることもなく、落ち着いた生活ができています。あのとき、私がアンガーマネジメントを学び始めなかったら、まったく違う思春期を迎えていたのではないかと思うとぞっとします……。


アンガーマネジメントは、子育てや夫婦など身近な人間関係に役立つのはもちろん、職場、地域、友人などあらゆる人間関係や集団・組織に使えるものです。ただし、スポーツや料理と同じで、そのスキルを習慣化し自分のものとして身につけるにはトレーニング（練習）が必要となります。

次の章から、具体的な怒りの対処法について見ていきましょう。

「御霊の実は、愛、喜び、平安、寛容、親切、善意、誠実、柔和、自制（self-control）です」

（新約聖書ガラテヤ人への手紙五章二二節）

参考図書
『アンガーマネジメント入門』安藤俊介著、朝日文庫
『怒りの心理学―怒りとうまくつきあうための理論と方法』湯川進太郎著、有斐閣
『怒りのダンス―人間関係のパターンを変えるには』ハリエット・レーナー著、誠信書房

第二章　怒りを可視化しよう

この章から早速、自分の怒りとうまくつきあうための具体的な方法を学んでいきましょう。

先にもふれたように、アンガーマネジメントは、認知（物事の捉え方）を変え、最終的には行動を変え、怒りの不適切な表現を抑えて適切に表現することを目指すものです。そのために、今の自分の行動や認知を知ることからスタートするのですが、まずは「行動」を可視化してみましょう。

怒りの感情は個人差が大きいものです。自分の怒りのくせや傾向を知ることが、怒りとうまくつきあうための助けになります。

そして怒りという目に見えないものをコントロールするには、何らかのかたちでそれを把握することが必要で、それには、視覚化、数値化することが有効です。

まず最初に、お勧めする基本のテクニックは、「怒りの日記」と「怒りの温度計」です。

アンガーログの一例

日時	10月5日　朝
場所	台所
出来事	夫を送り出して台所に戻るとテーブルの上にお弁当が置き忘れられていた
思ったこと	お弁当作りのために30分早起きしてせっかく作ったのに！
温度	2

出典：一般社団法人日本アンガーマネジメント協会

「怒りの日記（アンガーログ）」は、日々の生活の中で自分が怒ったことを記録していくもの。

具体的には、日時、場所、出来事、自分のしたこと、そのときの気持ち、そして「怒りの温度」（あとで述べます）をメモしていきます。

記録のしかたは自由です。手帳に書く、カレンダーに書く、スマホやタブレットに記録するなど、自分が続けやすいものであれば何でもかまいません。最初は日時と出来事だけでもよいでしょう。

大事なことは、忘れないようすぐに書くことと、出来事を客観的に記すことです。「反省」や「後悔」などの気持ちについては書く必要はありません。

アンガーログをつけることには次のような効果があると考えられます。

①自分が怒っていることを自覚できる

私たちは怒ったことを案外忘れてしまうものです。怒っていたことは覚えていても、その理由やきっかけなどは思い出すことが難しいのです。まずは、自分が怒ったということ、イラッとしたということを自覚して、すぐにメモするというのがトレーニングとして非常に大事です。

②自分の怒りのパターン、ツボがわかる

どんなことに自分が怒りやすいのかが見えてきます。例えば、決まりを守らないこと、約束を守らないこと、ことば遣いが乱暴なこと、家の中が片付いていないこと、お金の問題、気を遣ってもらえないこと、など、具体的に何に怒っているのかがわかると対処しやすくなります。ささいなことや取るに足りないと思えるようなことでもよいのです。

また、どんな時間帯やどんな曜日に怒りやすいか。帰宅後、朝、休日、遊びに行って帰ってきたとき、などのパターンも把握することができます。

また、怒り以外の気持ちがあれば書いておくことで（悔しい、悲しい、寂しい、むなしい、がっかり、など）、「怒りの前にある一次感情」がわかるようになります。これについてはあとで詳しく述べます。

アンガーログとともに実践していきたいのは、「怒りの温度を測る」、つまり「怒りに点数をつける（スケールテクニック）」ことです。怒りをことばで書き表したうえで、さらに、そこに点数をつけ数値化することで、自分の怒りの状態がさらにはっきりしてきます。私たちは、捉えにくい物事のイメージをつかむために数字を使います。熱っぽいなと感じるときには体温を測る、天気予報を見るときは降水確率をチェックする、などします。広い場所について説明するときは「東京ドーム何個分」などと言うとイメージしやすいものです。

そのように、怒りの感情も数値化するのです。やり方はとてもシンプルで、人生最大の怒りを10、穏やかな状態を0として、今の怒りは何点かを考えます。数字は主観的、感覚的なもので大丈夫です。

例えば、

●子どもが幼稚園に行く時間が迫っているのになかなか着替えない。3点
●小学生の子どもが、夜になって明日の授業の持ち物がない、と言う。4点
●夫が、せっかく作ったお弁当を忘れていった。2点

という具合です。

人生最大の怒りが10点ですから、日常では8点とか9点ということはめったにないでしょう。大きくても6点ぐらいではないでしょうか？　今の怒りは、2点から3点かな？5点か6点かな？　と自分の中で基準を設けて気づけるようになると理想的です。

アンガーログをつけ始めて三週間たったあるお母さんは、「最初は、4点とか5点の怒りばかりでしたが、書き続けているうちに『そんなに怒ることではなかった』と思うよ

うになり、同じ出来事でも、点数が1～2点になりました。そして1点や2点の怒りなら『怒らなくてもいい』と思うようになり、無視できるようになりました」と話してくれました。

このようにアンガーログとスケールをつけるだけで、怒りの行動に変化が起こってくることもあるのです。

アンガーログやスケールテクニックはとにかく習慣にすることが重要。習慣化するには、いつ書くか、どこに書くかなど、具体的に決めておくことをお勧めします。思い起こさせてくれる「リマインダー」があるとなおよいでしょう。例えば、手帳やよく目にするところに、「アンガーログ」などと書いて貼ってみてください。

✸強弱をつけて怒ってみよう

スケールテクニックの話に戻りますが、点数をつけるということは、怒りの感情には幅があるということを意味しています。怒りは、「0か100か」ではありません。怒りが毎回10点（人生最大の怒りのレベル）という人はいないと思います。その中間がたくさんあるはずです。怒りの感情のグラデーションを意識することが大事なのです。

「いつも強く怒ってしまう」という人は、小さな怒りや中くらいの怒りの感情に気づき、それを上手に表現していくことを学んでいく必要があります。

その練習のために、怒りのスケールにことばと態度を付け加えてみましょう。

まず点数を書きます。そして点数の横に（または下に）、怒りを表現することばとそのときの態度や行動を書いていきます。


【例】

1点：（表現）あきれる／（態度、行動）ため息をつく
2点：むっとする／え？　と言う
3点：うんざりする／軽く注意する
4点：イライラする／頭を横に振る
5点：ムカムカする／はっきりと注意する
6点：腹が立つ／黙る、出て行く
7点：カッとなる／ドアを乱暴に閉める
8点：激怒する／怒鳴る

9点：怒り心頭／物を投げる
10点：怒りが爆発する／相手につかみかかる、泣き叫ぶ

例えばこの点数表に、中学生の長男と小学生の次男がいる家庭の例を当てはめると、こんなふうになるかもしれません。

●いつも歯磨きのふたが開けっぱなし：1点
●洗濯が終わったところに「これも洗って」と持ってくる：2点
●長男がさっきから一時間も携帯をいじっている：3点
●次男が今月だけで三本も傘を壊した：4点
●長男が門限に遅れる：5点
●兄弟げんかで長男が次男を蹴った：6点
●長男が塾をさぼっていたことが発覚：7点
●「気をつけて」と言っているそばから長男が新車を傷つけた：8点

正解というものはありません。特に態度のところは人によって異なりますので、自分なりのものを作ってみましょう。1点から10点すべて書ければ完璧ですが、最初は、小さい怒り、中くらいの怒り、大きな怒り、と三つ挙げてみるだけでもいいです。

そして、怒るときにはこの表を頭に思い描いて、その怒りにふさわしい点数の怒りで怒ってみましょう。

イライラしても我慢してずっと黙っていていきなり10点の怒りで怒るのではなく、少しイライラしてきたら、3~4点の怒りで怒りを表してみるのです。

さらに、やってみて慣れてきたら、点数を1点下げた態度で怒るようにしてみましょう。この怒りは6点と思ったら、5点のところに書いた態度で怒ってみるのです。そうするうちに、表現方法が以前よりもずっと穏やかになってくるはずです。

日本語には怒りを表現することばが数え切れないほどあります。上に書いたもののほかにも、ふくれる、むくれる、かんしゃくを起こす、おかんむり、角を出す、目くじらを立てる、堪忍袋の緒を切らす、はらわたが煮えくりかえる、激高するなどなど……。怒りのボキャブラリーを増やすことも、その強弱を意識することにつながり、表現の幅を広げることに役立つでしょう。

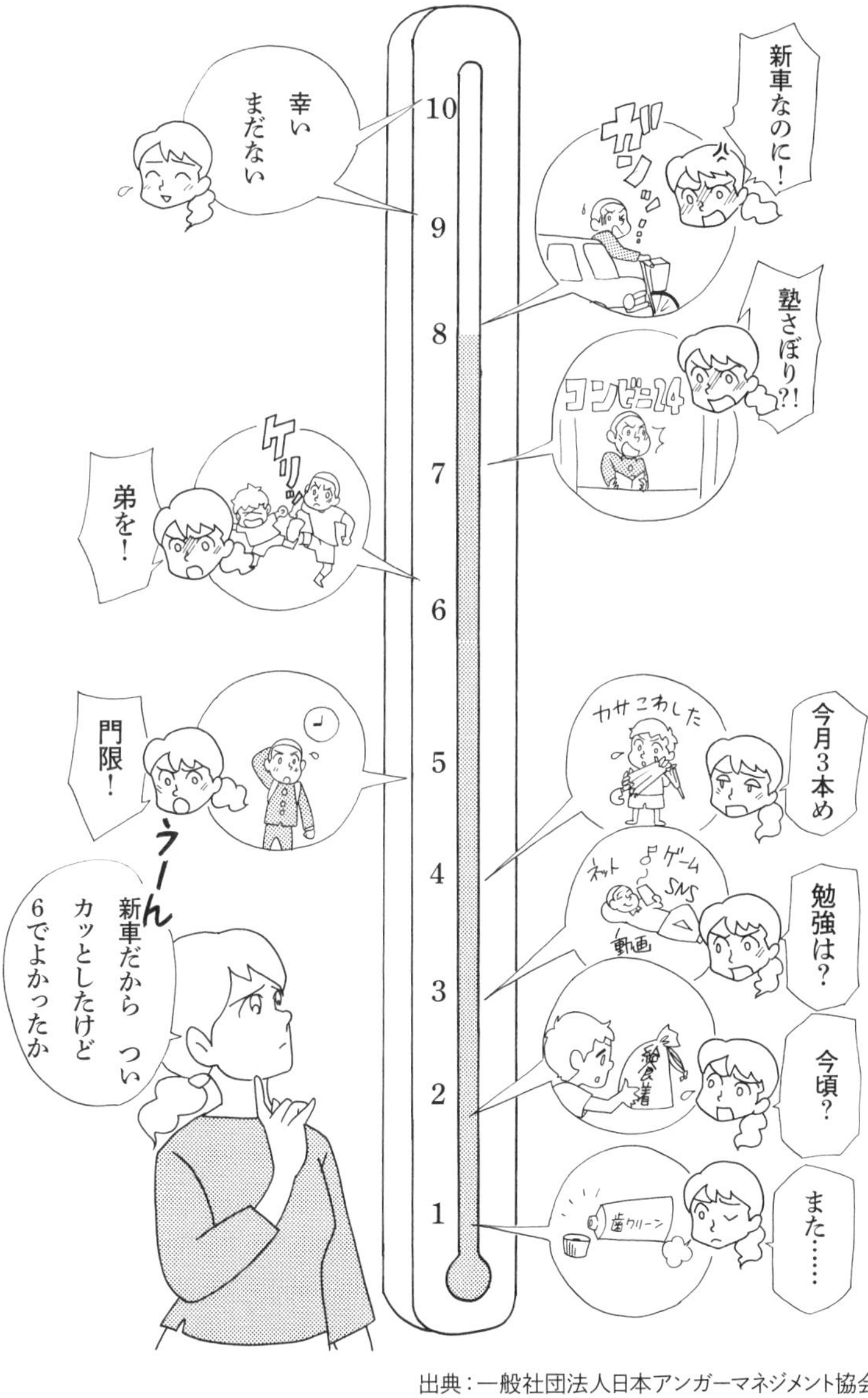

出典：一般社団法人日本アンガーマネジメント協会

自分の怒りの程度（点数）を吟味し、その程度（点数）に見合った態度で怒る。このことをぜひ意識してチャレンジしてみてください。

「柔らかな答えは憤りを鎮め、激しいことばは怒りをあおる」（旧約聖書箴言一五章一節）

参考図書
『一般社団法人日本アンガーマネジメント協会テキスト』

第三章 反射的に怒りを表さない

繰り返しになりますが、アンガーマネジメントは、「決して怒らない」ことを目指すものではありません。怒ってもよいのです。ですが、そのときにしてはいけないことが一つあります。

それは、反射的に何かをすることです。

反射的に暴言を吐く、反射的に物を投げる（壊す）、反射的に手を上げる……。このように、怒りを感じた瞬間に反射的にそれをぶちまけると、必要以上に怒りすぎて、不適切な表現をしてしまいがちです。その結果、人を傷つけたり、大事な物を壊してしまったり、自分自身も後悔や罪悪感にさいなまれることが多いのではないでしょうか。

昔、子どもが保育園に通っていた頃のことです。朝、私は車の中で夫と娘を待っていました。「早くしないと仕事に遅れる！　早く出てきて！」とイライラがつのり、勢いよく駐車場から車を出したところ、電柱にぶつけてしまいました。幸い誰もけがをしませんでしたが、ドア一枚取り替えるはめになり、非常に後悔しました。

一章で述べた怒りの定義にもあるように、怒りは心身の変化を伴います。心だけではなく、体にも変化が生じることを覚えておきたいと思います。

怒ると体は、「闘うか逃げるか」というような状態になり、覚醒状態が高まります。心拍が上がり、呼吸のペースが速く浅くなります。全身の筋肉が緊張してきます。脳が興奮状態になり、冷静な判断がしにくくなります。

怒ってかーっとなったとき「頭を冷やす」と言いますが、まず、興奮した体を鎮め、きちんと考えられるようにすることが必要なのです。

こうした生理的な反応に抵抗して、怒っても反射をしない秘訣、それは「六秒待つ」ことです。どのくらい待てばよいのかについては個人差があり、もちろん必ずしも六秒でなくてもいいのですが、怒りを表すことを数秒遅らせることで、よりよい行動を選択することができる可能性が高まります。私もこのテクニックを知って実践していたら、車をぶつけることはきっとなかったでしょう。

怒りの表現を遅らせることは、怒りのコントロールについての根本的な解決ではなく、対症療法といえるかもしれません。

けれども怒りを表すことを遅らせて少しでも興奮状態を鎮め、極端な表現を避けることができるという意味で、とても大切なことなのです。一瞬の反射的な反応の結果が、長く続く後悔になることもしばしばありますから、「怒りで失敗した」という経験を重ねないために、しっかり身につけていきましょう。

では、怒りの表現を遅らせるテクニックを幾つか紹介します。

【深呼吸する】

深呼吸する。かーっとなると頭に血が上っていますし、呼吸も速く浅くなりますので、深呼吸で身体も心も落ち着かせることができます。できるだけゆっくり吸ってゆっくり吐いてください。腹式呼吸だとなおよいです。

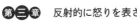

【数を数える】

数字を数えることも有効です。一から順に数えるのは簡単すぎるので、百から三ずつ引くとか、英語で数えるのもお勧めです。数字を使うことで冷静になることができます。

【怒りに点数をつける】

前章でご紹介した「スケールテクニック」自体も、「六秒待つ」のと同じ効果を発揮します。怒ったそのときに、「この怒りは何点?」と自分に聞いてみます。そうすることで、怒りを客観的に眺められ、冷静になれる場合もあるでしょう。

【ことばをつぶやく】

自分を落ち着かせることばをつぶやくこともとてもよい方法です。「大丈夫」「怒ることじゃない」「まだ子どもなんだから」など、短くて言いやすいものがよいでしょう。イラッとしたらすぐつぶやくことが大事です。

怒りを鎮めるのに効果があると考えられるセルフトークの例には、次のようなものがあります。

○今ここでできることを考えよう
○自分の思いどおりに人が動くとは限らない
○問題点を明らかにしよう
○冷静になろう
○私は自分をコントロールできる

こうしたことばを自分でアレンジして言いやすいように短くしてみてもよいでしょう。

【その場を離れる】

また、怒りの対象が目の前にいて、見ているとどんどんイライラしてしまう場合は「その場を離れる」ことが一番手っ取り早い方法です。

その際、怒って出ていくのでなく、できるだけ静かに離れてください。小さい子どもの場合、怒って出ていくと不安になり、「ママー」と追いかけてきてしまいますから。「ママはトイレに行ってくるから待っていてね」とか、「お水を飲んでくるから待っていてね」というふうに、なるべく冷静に言ってからその場を離れ、深呼吸する、水を飲むなどして戻ってくることができれば素晴らしいです。

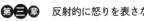

【視線をはずす】

その場を離れることが難しい場合、怒りの対象から視線をはずすだけでも、怒りをエスカレートさせることを防ぐ助けになります。天井を見る、自分の手を見る（腕時計、指輪などしていれば、それを見る）。そして、深呼吸したり、心の中で、怒りを鎮めることばをつぶやきます。

【何かの作業をする】

家にいるときだったら、簡単な家事をするのもいいでしょう。テーブルを拭く、物を片付ける、など、何かの作業をすることで、気をそらす助けになります。部屋もきれいになり、一石二鳥、ということになるかもしれませんね。

「六秒待つ」。これは簡単なようでとても難しいことです。このテクニックは非常に重要ですが、難易度が高いのです。ですから練習が必要です。あきらめないでコツコツ練習し続けていきましょう。そして少しでもうまくいったら、自分をほめてあげましょう。

「怒っても、罪を犯してはなりません」

（新約聖書エペソ人への手紙四章二六節）

「人はだれでも、聞くのに早く、語るのに遅く、怒るのに遅くありなさい」

（新約聖書ヤコブの手紙一章一九節）

参考図書
『アンガーマネジメント入門』安藤俊介著、朝日文庫
『怒りの心理学』湯川進太郎著、有斐閣

第四章

今・ここ・私に意識を向ける

前の章では、怒りを感じた瞬間に生じる体の変化を鎮めるための方法を学びましたが、この章では、そういった怒りに対する体の反応を起こしにくくする訓練法、ふだんから生活の中で取り組めるストレス低減の方法などを学んでいきましょう。それによって、怒りにくい体質を作ることができます。

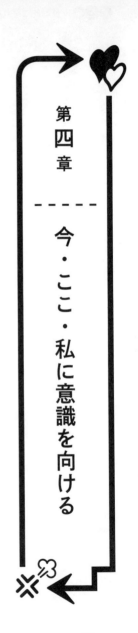

✸マインドフルネス

マインドフルネスは、アンガーマネジメントと同じくアメリカから入ってきたメソッドですが、もともとは東洋的な瞑想がアメリカに渡り、それが逆輸入されたものです。

マインドフルネスには、スピリチュアル（宗教的）なものから、心理学の具体的なスキル（心理技術）としての活用まで幅広くありますが、ここでは心理的スキルとしてのマインドフルネスを取り上げます。

幅広い概念なのですが、あえて一言で言うなら、「今・ここ・身体（私）に意識を集中する」ことが中心となります。

ふだん何も考えなしにしている行動や思考、意識していない身体感覚に心を留めて、ゆっくり味わい観察してみる。それをただ受け止めるだけで、批判したり変えようとする必要はありません。


なぜこれがアンガーマネジメントに役立つのかというと、一つには、セルフモニタリング＝自己観察能力を高めるからです。怒りの感情とうまくつきあうためのアンガーマネジメントには、「自分の身体感覚や感情、思考に気づく力、客観的に観察する力」が必要不可欠。それがあると、小さな怒りの感情の動きに気づいて、早めに対処することができるようになり、怒りに反射的に反応せずにいることができるようになるのです。

では、具体的に、一人でできるマインドフルネスのワークをご紹介しますね。大きく分けて、①身体・行動系のワークと②思考・感情系のワークがあります。

身体・行動系は、身体感覚に意識を集中し、味わうためのエクササイズです。

例えば、「レーズン・エクササイズ」があります。

食べ物をじっくり味わうマインドフルネス・ワークなのですが、まずは一粒のレーズンを手に取って眺めてみます。「初めて見るもの」のように、色やつや、形など、よく観察してください。どんなことに気づくでしょうか？　香りはありますか？

観察が終わったら、そっと舌に乗せてみます。まだ嚙んではいけません。どんな舌触りがするでしょうか。できれば一粒を十分ぐらいをかけて味わって食べてみましょう。

ほかには、「歩くマインドフルネス」というものもあります。

まず立ち上がり、地面と接している足の裏の感覚を感じてみてください。それから片足を持ち上げますが、そのときに太ももやふくらはぎに生じる変化や感覚を味わいます。次に一歩一歩、ゆっくり歩いてみましょう。重心移動や身体全体の感覚にも注意を向けてみます。

思考・感情系は、頭の中で行うエクササイズです。身体を動かさないので、どこにいてもできるエクササイズです。

この中からは、「葉っぱのワーク」がやりやすく、お勧めです。

これはイメージを思い浮かべるエクササイズ。目の前に川がゆったり流れている場面を思い浮かべてください。目を閉じていても開いていてもどちらでもよいです。その川に葉っぱが一枚、また一枚と流れているところをイメージしてください。

次に、自分の「自動思考」つまり、自然と湧いてくる考え、思い、気持ちに注意を払います。否定したり払いのけるのではなく、それを流れる葉っぱの上に置くことをイメージしていきましょう。

「明日までに○○をやらないと！」「眠いなあ」「お昼に○○を食べよう」など、湧いてきた思いを、葉っぱ一枚の上に一つずつ置いて、それが自然に流れていくのを眺めます。葉っぱを流すのは自分ではなく、川の流れであるというところがポイントです。

マインドフルネスは即効性があるものではないですが、続けることで確実に変化を生み、自分の心の動きに敏感になっていきますので、毎日の生活に取り入れてみましょう。

✸心と身体のセルフケア

そのほか、お勧めのリラックス法を挙げてみます。心と体はつながっていますので、その両方をリラックスさせるセルフケアを身につけていると、怒りやすくなる状態を避けるうえで役に立ちます。一人で気軽にできる方法には次のようなものがあります。

漸進的筋弛緩法《ぜんしんてききんしかんほう》

前章で見たように、怒りは体の緊張と関係しています。ふだんから体の緊張をほぐしておくことが、いざ怒りが生じたときに緊張を緩めやすくしてくれます。

漸進的筋弛緩法は、身体にあえて緊張状態をつくり、それを解放することでリラックスさせる方法です。最初は体の部分ごとに行って、最後は全身を緊張からリラックスへ、という流れになります。

寝転がるか、ソファなどに腰掛けて楽な姿勢を取りましょう。右の拳を握りしめ、七秒ほど強く握ってください。緊張状態を感じてみましょう。そしてパッと力を抜いて、リラックス。手の緩みを感じます。これをもう一度右手で繰り返し、次は左手、というふうにやっていきます。

手の次は腕、そして顔（眉間や頬、あごに力を入れて、パッとリラックス）、首、胸、おなか、太もも、ふくらはぎ、という順番でやっていきます。

ここまで丁寧にやる時間がなければ、座ったままの姿勢で、手と肩だけでもよいでしょう。ぎゅーっと力を入れて緊張させて、パッと力を抜く。そしてさらにリラックス。緊張と緩み、リラックスを味わいます。これを繰り返してください。

そのほか、お金と時間をかけられるなら、マッサージやアロマセラピー、ジャグジーバスやサウナ、ヨガ、太極拳などもお勧めです。体をリラックスさせることを生活の中に定期的に取り入れられるとよいですね。

子どもが小さくてとてもそんな余裕はないという人は、一日五分、好きな飲み物をゆっくり飲んで、好きな音楽を聴くというリラックスタイムを取るだけでもオーケーです。または、月に一度、半日でも、育児や家事から離れて、体のリラクゼーションをすることを心がけましょう。

忙しいとき、ストレスが多いと感じるとき、イライラが募るときほど、心身のケアをすることが大事です。ふだんから心にたまっているストレスをできるだけ減らせるように、今できることから始めてみましょう。

✷生活を見直す

生活の中でリラクゼーションを取り入れると同時に、生活スタイル全体を見直してみることも大事です。

睡眠、食生活はどうでしょうか。充分な睡眠、バランスのいい食事は取れているでしょうか？

仕事や家事と育児、遊び、レクリエーションのバランスはどうでしょうか？　話を聴いてくれる人、相談相手や助けてくれる人は身近にいるでしょうか？　自分で何もかもやろうとしていませんか？　お金の心配はどうでしょう？

ストレスや不快のすべてをなくすことはできないかもしれませんが、自分で工夫できることに取り組み、そして、誰かに助けてもらって、変えられるところから変えていきませんか。

参考図書
『ケアする人も楽になる　マインドフルネス＆スキーマ療法ＢＯＯＫ１』伊藤絵美著、医学書院
『軽装版　アンガーコントロールトレーニング』エマ・ウィリアムズ他著、星和書店

第五章

怒りを感じやすくなる状況に気をつける

この章ではまた「怒り」の話に戻ります。怒りへの対処の一つとして、怒りを感じる「前」の状況や自分の状態に気をつけてみるということが挙げられます。

例えば、次のような経験をしたことはないでしょうか？

【ケース1】

仕事でミスをし、取引先に文句を言われ上司に叱られ、残業して事後処理をして、身も心も疲れ果てて帰宅しました。リビングでは、子ども二人がテレビのチャンネル争いからけんかをしています。毎日のことで、ふだんは気にならないのですが、この日に限ってはどうも耳に障り、聞き流そうとしてもできず、とうとう、「うるさい！　そんなくだらないことでけんかするなら出て行きなさい！」とどなってしまいました。

【ケース2】

久しぶりに会う友人との待ち合わせ。ところが友人はなかなか現れず、風邪気味だったのに寒い外で三十分も待たされ、イライラがつのります。遅れてきた友人は、「携帯が充電切れで、連絡できなくてごめんね〜」と脳天気に言います。この場でキレるのも大人げないし、と少し無理してカフェに入るも、友人の愚痴の話が続くと次第にイライラしてきて、「頭が痛いから」と、早々に帰ってきてしまいました。

【ケース3】

子どもの学校の授業参観。わが子は黒板ではなく、外を眺めてぼーっとしていて、手を挙げることもありません。「はい！　はい！」と競うように手を挙げ、はきはきと答えるほかの子どもたちを見て、わが子は大丈夫だろうか？　と急に不安が襲ってきました。その夜、携帯ゲームをしている子どもを見たら急にイライラして、いつもより強く叱ってしまいました。

怒りの感情は、怒りを感じる「前に」あった出来事や状況、自分の状態、または（怒りとは別の）そのときの感情が関係していると考えられます。怒りをより感じやすくなる状況というものがあるのです。子ども（相手）とは直接関係のない出来事や感情がまず先にあって、それに誘発されて子ども（相手）に怒るということです。

心理学者のマシュー・マッケイらは、親が子どもに対して怒りを感じやすくなる状況には次のようなものがあると述べています。

それは、疲れ、せかされているという感覚（時間がないこと、焦り）、自分の子どもへの失望、他の子どもに比べて劣っていると感じること、日常生活の決まり、ルールに関すること、邪魔をされて困る、心配事、病気に伴う症状、人づきあいの問題、などです。

ケース1では、仕事上の疲れや精神的に消耗している感覚が怒りの前にあることがわかります。そういう状態では、ふだんなら流せる小さなイライラが、流せなくなることがあります。

ケース2も、体の不調、不快感が先にあり、それに友人のことばが引き金となって怒りが込み上げた例でしょう。

ケース3は、ほかの子と自分の子を比べて劣っていると感じてしまったこと、子どもへの失望感が怒りの背景にあるでしょう。そして、直接のきっかけは、家で過ごすときの「ルール」に関することでした。

このように、自分の怒りが生じやすい状況に気づいていると、対処しやすくなります。まずは、「アンガーログ」で怒ったときの記録をつけてみましょう（二章参照）。そして、アンガーログに「怒る前にあった出来事やそのときの自分の状態」を加えるのです。それを書き続けていくと、「怒る前の出来事・状況」と「怒った出来事」との関係が見えてきて、自分のパターンがわかってきます。

例えば、

「仕事からの帰宅直後は、疲れてイライラしやすい」
「ママ友と話したあとは、子どものことについて劣等感が生まれやすく、子どもに対して怒りを爆発させやすい」
「子どもの朝の支度が遅いとき、また、夜、やるべきことをやっていないときに、過剰に怒りやすくなっている」
「初めての人に会って気疲れしたあとは、不機嫌になっている」
「日曜の夜は、仕事のことが気になってナーバスになっている」

など、いろいろな気づきがあるのではないでしょうか。

自分が「怒りやすくなっている」状況のパターンがつかめると、それを予想して、対策を立てることができるようになります。

「帰宅したら、すぐに家事をするのでなく、一杯お茶を飲もう。少し一人で過ごそう」

「初めての人に会っても、気を遣いすぎないように心がけよう。また、できるだけ無理せず早めに切り上げよう」

「日曜の夜はゆっくり過ごそう。好きなドラマを見よう」

「ママ友と話したり、授業参観に行った日は、よその子とうちの子を比べないように気をつけよう。子どもの良いところだけを見ることにしよう」

など、できることから始めてみてください。

もちろん、すべての状況に対処することはできないでしょう。できないことがあってもかまいません。ただ、「私は今、イライラしやすい状況になっている」と自覚するだけで違います。また、場合によっては周りの人に「こういうわけで、今イライラしやすい状況にある」と話してもよいかもしれません。

✸子どもへの怒りは期待の裏返し

怒りを感じやすい状況の一つとして「自分の子どもに失望している、他の子どもに比べて劣っていると感じること」があると書きましたが、これは子育ての中で意識して気をつけたい事柄ですので、もう少し詳しく見ていきましょう。

怒りは「身近な対象ほど強くなる」という性質があります。子どもや家族など身近な存在には、そもそも怒りを感じやすいのです。その理由は、関係が簡単には壊れないとわかっているので怒りをぶつけやすいということもあるでしょう。

それと同時に「相手に対する期待が高い」ことも挙げられると思います。自分の子どもにはどうしても期待が高くなってしまうものです。「年齢相応にできて当たり前」という期待や、さらにもう少し高い期待があるため、「みんながきている普通のことができない」となると、つい怒りが生じやすくなるのです（この「みんな」とか「普通」というのがくせ者なのですが、それについてはあとの章で扱います）。

幼稚園に入ったのに着替えや準備を一人でできない、下の兄弟に優しくできない、と怒るお母さんがいますが、まだ三〜四歳ではできない子もいて当たり前です。怒るより、やり方を教えながら一緒にやるほうが早いし建設的なのですが、わが子となるとつい、「どうしてできないの」となりがちなのですね。

小学生になっても同じです。「宿題を自分からやろうとしない」「持ち物の準備が遅い」「忘れ物が多い」と怒るお母さんはたくさんいます。かく言う私もそうでした。

しかし子どもの発達は個人差が大きく、「何歳になったからこれができる」と育児書に書いてあるようなことは、あくまで目安であって、それに当てはまらない子どもも多いのです。

親の期待よりも発達がゆっくりの子どももいます。発達に凸凹がある子どももいます(得意不得意の差が大きいこと)。子どもの発達状況に見合っていない期待をしていると き、親はがっかりしてしまい、自分が傷つけられたように感じて、怒ってしまう場合があるのです。

けれどもそれは、子どもが悪いわけではありません。むしろ、親が気持ちを切り替えるべきことではないでしょうか。

今できていないことが子どもにあるならば、親はそれを認め、受け入れて、そのうえで、どうしたら少しずつできるようになるかを考えるようにしましょう。自分のイライラを子どもにぶつけたり、他の人に八つ当たりしても、子どもを傷つけるだけで状況はよくなりません。むしろ悪化してしまうこともあるのです。

私の好きなことばに「理想は高く、ハードルは低く」というものがあります。自分に対しても、わが子に対しても、理想は理想として高くもつことはすてきなことですが、実際に取り組むときは、今できていることから少しだけ上のハードルから始める、という意味です。

少しだけ努力を要することに少しずつ取り組むことで、親も子も楽になります。理想を追うより「今のわが子」を楽しむ子育てをしてみませんか？　そうしたらいつのまにか、理想に近づいているかもしれませんよ。

参考図書
『怒りのセルフコントロール』マシュー・マッケイ他著、明石書店

第六章

怒りの奥にある気持ちに目を留める

前の章では、怒りを感じる前にあった出来事・状況や自分の状態が怒りにつながっているということを学びました。

六章は、今の怒りの「奥」にある気持ち――怒りとは別の感情――に目を留めるというテーマです。

怒りの奥には別の感情（一次感情、基底感情とも言います）があると言われます。言い換えれば怒りは、別の感情が元にあって、そこから二次的に生じているということです。

例えば、大切なものを失ったときや、批判されて傷ついたと感じたとき、多くの人が感じるのは「怒り」でしょう。

でもその怒りの感情をよくよく見つめていくと、その奥には、悲しみ、寂しさ、不安などが見えてくるのではないでしょうか。

わが家の子どもが中学生だった頃、友達と出かけて夜遅くなってもなかなか帰って来ず、携帯に電話をかけてもつながらない、ということがありました。そのときは、帰ってきた子どもに対し、怒りにまかせて、「何でこんなに遅いの？ 連絡もつかないし。これから友達との外出禁止！ 携帯も取り上げる！」などと言ったのですが、私の本当の気持ちは、「心配だった、不安だった」であったことに、あとになって振り返ったときに気づくことができました。

怒りのもとになる感情（一次感情）には、いろいろありますが、不安、恐れ、寂しさ、むなしさ、恥、悔しさ、悲しみなど、つらく否定的な感情がおもなものです（そうした感情もすべて大切なものですので、悪いものということではありません）。

怒りの奥にある本当の自分の気持ちに気づくことの利点は、怒りに積極的（建設的）に対処することができることです。自分のニーズが満たされるために表現したいこと、相手に本当に伝えたいことが「怒り」ではなく、別の感情だと分かれば、怒りをぶつけるのではない別の手段が見えてきます。例えばそれは、自分の本当の気持ちや本当のニーズを伝える、ということです。

ただ怒って暴言を吐いたり、威圧したり、嫌味を言ったりするよりも、怒りの奥の本当の気持ちをストレートに伝えるほうが、相手に理解してもらいやすい場合も多いのではないでしょうか。

また、場合によっては、その本当の気持ちを相手に伝えられないとしても、自分でその悲しみや不安などに気づいているだけで、怒りの感情は和らいできます。怒りではない気持ちをほかの誰かに聞いてもらう、書くなどして吐き出す、あるいは、自分のうちに抱えて味わい、そして手放す、などをしてみます。そうするうちに、怒りの感情と自然に距離がとれ、気持ちが和らいでくるでしょう。

怒りの奥には別の感情があるということは、怒っている人を理解し、対応をするうえでもとても役立ちます。

自分が怒りをぶつけられたときや身近な人が怒っているとき、この人の怒りの奥にある本当の気持ちは何か？　と思い巡らすことで、相手の怒りを少し落ち着いて冷静に受け止められるかもしれません。あるいは、相手の悲しみや不安などに共感するようなことばをかけることができるかもしれません。

★心の深い傷が見えてきたとき

わが子への怒りと向き合ってその一次感情を探っていくと、自分自身の子ども時代のことが思い出されるかもしれません。そして自分の親に対する怒りが思い出されるかもしれません。自分が幼いときの「心の傷」が怒りにつながっている可能性もあります。また、何年たっても何度も繰り返し思い出し、今経験しているかのように強く怒りを感じてしまう事柄があるかもしれません。そういう根深い怒りがある場合は、専門家に助けを求めることもよいでしょう。

感情に焦点を当てるセラピー、心の傷（トラウマ）の解消に焦点を当てるセラピーをしている精神科医や臨床心理士などを訪ねるのがよいと思いますが、ここでは、自分でできる比較的簡単な怒りの脱出法 TDM（The Detour Method 迂回法）を紹介します。アメリカ人セラピストのジョン・リーによって開発されたものです。

【ステップ1　怒りを確認する】

生活の中で、ある出来事にカチンときたり、イラッとしたときに、自分が怒っているということを確認します。深呼吸するなどして反射的な言動をしないようにして、1～10の点数をつけます。

【ステップ2　過去の出来事を振り返る】

その場を離れて落ち着く場所へ行き、自分が今怒っている出来事は、過去の何を思い出させるかを明らかにします。「このことは、過去の何を自分に思い出させるだろうか？今このことで怒っている自分は、何歳の頃の自分と同じ気持ちだろうか？」と自問自答するのです。

【ステップ3　自分が言いたかったことを考える】

思い出したら、「そのときに自分は何と言いたかったのだろう？　そのときに言えなかったことは何だったのだろう？」と思い巡らします。できれば、それを書く、または、信頼できる人や専門家にあとで聞いてもらうのもよいでしょう。

【ステップ4　自分がしてもらいたかったことを考える】

次に、過去の出来事において「その人に本当は何と言ってほしかったのか？　何をしてほしかったのか？」を思い巡らします。

【ステップ5　過去の問題が尾を引いているかどうかを確認する】

今、過去の出来事で怒りを感じている相手に対して、「どんな感情を抱いているか？今、その人に対して何かを言う必要があるか？」を思い巡らします。「もう何もしなくていい、充分だ」と思えたらそのままにします。

【ステップ6　目の前の問題に対処する】

以上のステップで過去の「地雷」を処理したら、目の前の問題に対処します。「怒りの引き金になった人に対して、今何かを言ったり聞いたりする必要があるか？」と自問自答します（伝え方については、十二章、十三章参照）。

ではここで、自分の怒りが過去の心の傷に関係していることに気づき、この六つのステップを実践してみたある主婦の例をマンガで見てみましょう。

料理をけなされると激怒したくなる主婦

ふー
やっぱり料理は
苦手だわー
あーん
ええー
何 これ
焦げてるー!
にがいー
文句言うなら
食べなくていいわよ!

もぐ
もぐ
さっ
やだ　私ってば
あんなに怒ること
なかった
かわいそうなこと
しちゃった
OK BOOK
料理本でも
買おうかな
今月
ベスト
これ…
あなたにもできる
アンガーマネジメント

千五百円です
数日後
ぽー
本日のお料理は
ドライカレーです
簡単なので ぜひ
今夜にでも…
舞 カレー
好きだし
これ喜びそうね
野菜は
細かく
ミックスビーンズ
足してみよ♡
なになに
カレー?!
ドライカレーよ
料理番組のレシピ
アレンジしたの
パクッ
うえぇぇ
あんまりおいしくない
っていうか まずい
何で豆入れたの?
残していい?

ちょっ!
ダメ!
だ
そうだ　あの本!
アンガーマネジメントではどうするんだっけ
ママ?
パタン
料理のこと言われると　無性に腹が立っちゃう
怒りには心の傷が関係してる場合があるのか…
私は何に傷ついて腹が立っているのかな
5月
小学生の頃を思い出すと…
母の日だもん
お母さんにご馳走作ろう
喜ぶかなー
あら　それじゃ
お肉　焼きすぎよ

固くなってる
せっかくの
お肉が
もったいない
ズキン
あのときの傷
こんなときどうしたら
ばっ
えっと
ステップ2までは
できてる！
ステップ3…
あのとき
お母さんに
「ありがとう」
って
その気持ちは全然
受け取ってもらえず
悲しくて悔しくて
自分にも
がっかりして
言ってほしくて
頑張ったのに
ステップ4
できれば…
お母さんにはまず
ありがとうって
言ってほしかった

そのあとで
初めてにしてはよくできたね
もっとうまくできるコツ教えてあげる
優しく教えてほしかった
ステップ5
でもお母さんそんなこと忘れちゃってるんだろうな
今でもことばはきつい人だけど悪気はない
舞の学童のお迎えをしてくれたり子育てに協力してくれてる
今さらお母さんに変わってくれとは言えないしそれはあきらめよう
ステップ6
では私は
今の気持ちを舞にどう伝えればいいのか
えーと…

えっと…「舞 お母さんは」
「舞が喜んでくれると 思って作ったの…」
舞! お母さんは 舞が喜ぶと思って あのご飯を作ったの だから あんな 言い方されると 悲しいな
だってね!
お豆だって 栄養のこと 考えて 入れたんだよ
出されたものが 好きじゃなかった ときも 作った人 の気持ちを考える ようにしてほしい
ごめんね じゃあ お豆だけ 少し残してもいい? 味は好きだから
全部食べる
舞ー♡

いかがでしたか？　最初からこのようにうまくはいかないかもしれません。

六つのステップを踏んでも怒りが消えないときもあるでしょう。繰り返し、時間をかけてやってみる、あるいはカウンセラーなどと一緒にやってみることをお勧めします。

✸子どもの感情の「社会化」

幼い子どもは、悲しみや不安、悔しさなどネガティブな感情を一人で心の中に抱えられないときに、やたらめったら怒り、かんしゃくを起こす場合があります。そのようなとき、その怒りの奥にある一次感情にできるだけ寄り添い、「悲しいね、悔しいね、寂しかったんだね」などと共感しつつ、その気持ちに名前をつけてあげると、自分でそのネガティブな感情を受け止められるようになり、落ち着くということが起こります。

これも、二人めのお子さんが生まれたばかりの家庭で起こりがちな事例をマンガで見てみましょう。

新米兄の本当の気持ち

健太はこれから
お兄ちゃんだよ
うん！
見て ママ
えりかにも
見せて……
はいはい
あとでね
きゃ
えと
分量は
ママー！
見て！
ふあ
はいはい
すごいね
ママ
これ読んで
はいはい
あとで
ぐー
ミルク
ゴイン
健太！
きゃーん
おしゃぶり
とった
健太！
何してるの！

幼稚園
イライラ
うちの妹とってもかわいいの!
へー
きゃーー!いたーい!
だ
そんなことが
健太を叱ってばっかりよ~
うちもそう上の子が焼きもち焼いて赤ちゃん返りで大変よ
お母さんを取られると思って必死なのよね
まあ今まで一人で独占してたんだもんねー
健太も寂しくて不安だったのか

日曜の夜
あああぁん
ママ
えりかは
いいの？
今日はお父さんが
えりかを
寝かしつけて
くれるって
ええー
お父さんが？

きゃ
きゃっ
あはは
ごめんね
健太
ママ　えりかのことで　ずっと忙しくて　健太はつまらなかったよね
寂しかったよね
これからは時々
二人きりの時間を作ろうね
ママと健太の二人っきりタイム
うん！
次の日の朝
わぁ
オムツ持ってきてくれたの？
ありがとう！

感情というのは、最初は身体感覚として知覚されますので、身体で感じた不快感に、ことば（名前）が与えられると、感情が分化して、単なる不快感から、寂しい、悲しい、悔しい、などと、はっきりしてきます。

さらに、そうした気持ちをことばで他者に伝えることができるようになります。それを感情の「社会化」と呼びます。これは本当に大切なことだと思います。それができるようになると、突然キレて暴力をふるう、自傷行為をする、といったことがなくなる（または減る）のです。

本当の気持ちに気づく大切さを子どもに教えるためにも、まず大人から怒りの奥にある一次感情に目を留めていきたいですね。

「神よ　私を探り　私の心を知ってください。私を調べ　私の思い煩いを知ってください」
（旧約聖書詩篇一三九篇二三節）

「まことに私は　私のたましいを和らげ　静めました」
（旧約聖書詩篇一三一篇二節）

参考図書
『ちゃんと泣ける子に育てよう　親には子どもの感情を育てる義務がある』大河原美以著、河出書房新社
『自分の「怒り」と向き合う本』水澤都加佐他著、実務教育出版
『子どもの感情を育てる』小渕朝子著、聖書と精神医療 No.35
"The Anger Solution" John Lee, Da Capo Lifelong Books

第七章

怒りの引き金思考

ここまでの章では、怒りを感じたときの身体感覚や生理的な衝動への対処、感情をことばにするなどの対処法について学んできましたが、この章からは、怒りの感情と関係する「認知」について学んでいきます。一章でも触れたことですが、怒りは認知（ものの見方、捉え方、思考のくせ）と深くかかわっているので、認知を変えることで怒りをコントロールできるからです。

また、この「認知を変える」という取り組みは、怒りのコントロールの根本にかかわることですので、即効性があるものではないかもしれません。長期的に取り組んでいくときに、少しずつ効果が現れ、根本的な解決につながるものだと考えてください。

この章では、「怒りの引き金思考」について見ていきましょう。

怒りは、五章、六章で見たように、それを感じやすい状況や一次感情に影響されますが、直接の怒りのきっかけになるのは、何かの出来事です。

しかし、出来事だけでは、怒りは生じません。怒りは、引き金思考――怒りを引き起こす考え方――によって火がつきます。そして怒りを爆発させるきっかけになる考え方は、実は自分の中にあります。自分自身が怒りに火をつけているのです。引き金思考は自分の怒りに火をつけ、また、怒りをエスカレートさせます。

例えばこういう状況があったとします。

子育て中の母親。二歳の子どもが食べやすいように、一生懸命工夫して夕食を作りました。ところが子どもはなかなか食べず、遊んでしまいます。あげくの果てに「もういらない、お菓子ちょうだい！」と騒ぎ出す始末。

一日中子どもと一緒に遊び、家事もこなして疲れているところに（怒りの前にストレス状況があることについては五章参照）、子どものこのことばです。

母親はついに、「私が作ったものがまずいっていうの？　私の努力をばかにして！　母親失格だと思ってるんでしょ？　私を困らせようとしてわざと食べないんでしょ?!」と、キレてしまいました。

この、「相手が自分をばかにしている。わざとやっている。困らせようとしている。軽蔑している」という捉え方、思考のパターン、これが「引き金思考」です。

怒りを感じたときに生じる思考のくせ、引き金思考は、人によって異なりますが、例えば次のようなものです。

「わざとやっている」
「私をばかにしている」
「私を困らせようとしている」
「私に恥をかかせようとしている」
「誰も話を聞いてくれない」
「誰も認めてくれない」

「私を嫌っている」
「私はだめな人間だ」

こうした「引き金思考」には、「ゆがんだ思考」が含まれていることがほとんどです。そうした思考はネガティブな感情を生み出し、怒りを増幅させるものです。「ゆがんだ思考」のおもな例は次のようなものです。

1. **全か無か思考**　物事を白か黒か、よいか悪いかで判断する。「中間」がない。
2. **過度の一般化**　一度うまくいかないと、いつでもそうだと思い込む傾向。
3. **破局的な見方**　状況を過度に否定的に捉える傾向。過度に悪いほうに予測する。
4. **最小化**　できていることやポジティブなことを軽く見たり過小評価する傾向。

5．**未来の予測**　まだ起こっていないことに対して否定的な結果を想像する。

6．**肯定的側面の否定**　肯定的な見方を否定したり無視して、常にネガティブな見方をする。

7．**固定化したルール**　「すべき」「しなければならない」ということばで表される厳格で非現実な期待をする。

8．**自己関係づけ**　ささいなことであってもすべてのことをネガティブに自分に関連させる。

「引き金思考」をこれに当てはめながら一つ一つ見ていきましょう。

「わざとやっている」→肯定的側面の否定

「私をばかにしている」↓自己関係づけ、肯定的側面の否定
「私を困らせようとしている」↓自己関係づけ
「私に恥をかかせようとしている」↓自己関係づけ、破局的な見方
「誰も話を聞いてくれない」↓過度の一般化、全か無か思考
「誰も認めてくれない」↓過度の一般化、全か無か思考
「私を嫌っている」↓自己関係づけ、全か無か思考
「私はだめな人間だ」↓全か無か思考、最小化

このような引き金思考は、人が自分の過去の経験から身につけてしまった思考パター

ンです。いわば、自動的に湧いてくるもので、無自覚であり、自分にとっては当たり前の思考なのです。だからこそ怒りに火をつけているのは自分だと認めることが難しいのですが、無駄な怒りに火をつけないため、そして怒りをエスカレートさせないためには、この「引き金思考」を見直すことが必要なのです。

具体的には、まず、自分のよく使っている引き金思考に気づくということ、そして次に、それが事実なのか、推測・思い込みなのかを見分けることです。

アンガーログ（怒りの日記）を書いたとき、その怒った出来事の引き金思考は何かを考えます。先ほどの例では、「私を困らせようとしている」「ばかにしている」でした。それを書いておきます。

次に、それは「事実」かどうかを吟味します。多くの場合、引き金思考になる考えは事実というよりも、心の中の思い込み、相手の心の深読みのしすぎなのです。

二歳の子どもが母親を困らせようとしたり、ばかにしているということが「客観的事実」といえるか、自分の思い込みや推測ではないか、と第三者の視点で考えてみます。そのときに、「ゆがんだ思考」の例を参考にしてみてください。

そしてもし、思い込みだとするなら、それを言い換えて（書き換えて）みます。

「子どもは、『もういらない、お菓子ちょうだい！』と言ったが、それは、おなかがすいていなかったからだ。もしくは、好みのおかずではなかったからだ。子どもが好みでないおかずよりもお菓子を食べたがるのは普通のこと。ただそれだけのこと。母親をばかにしているのではない」などと書いてみるのです。

これを続けるうちに自分の使いがちな引き金思考がわかるようになり、その思考が客観的事実か、主観的な思い込みであるか見分けられるようになります。

「引き金思考」を見分け、それにとらわれない秘訣は、一、「思い込み」をしない、二、相手の意図を推測しない、三、相手の心の深読みをしすぎない、です。

引き金思考を使うかわりに、「対処思考」で考えてみましょう。

あまり怒らない親は、次のような「対処思考」を頻繁に使うという研究もあります。

＊子どもの行動を、発達段階や気質から考えれば普通のことだ、と捉え直す。拡大解釈をしないようにする。

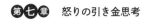

＊この子はこのやり方では対処できないのだと考えて問題を捉え直す。
＊自分を落ち着かせる。

ことばにすると、

「子どもはみんなこういう段階を通る」

「このくらいの年齢ではこれが当たり前」

「真に受けないほうがいい。ユーモアを忘れないでいよう」

「別に私を怒らせようとしているのではない。この子は今こういうふうにしかふるまえないだけだ」

「何とか乗り切ろう。私ならできる。怒る必要はない」

というふうになります。


子ども（相手）が思うとおりに動いてくれないとき、イライラすることでしょう。それは当たり前のことです。無理にイライラを消さなくてよいと思います。大切なのは、そのイライラを増幅させないこと。軽くイラッとするぐらいで収まるようにすることなのです。

自分で自分を怒らせないために、「引き金思考」（ゆがんだ思考）に陥らないように、毎日コツコツ取り組んでいきましょう。

参考図書

『軽装版アンガーコントロールトレーニング』エマ・ウィリアムズ他著、星和書店
『怒りのセルフコントロール』マシュー・マッケイ他著、明石書店

第八章

「べき」の違いが怒りを生む

この章では、「怒りの引き金思考」の一つである「すべき思考」について学びましょう。「すべき思考」とはつまり、こうすべき、ああすべき、こうあるべき、といった思考（信念といってもよいでしょう）で、怒りの引き金思考の中で、重要なものの一つです。この「すべき思考」（以下、「べき」と書きます）の扱いをどうするかがアンガーマネジメントの鍵といっても言いすぎではありません。

「べき」とは、自分の価値観であり信念、または、理想や期待を表すことばです。自分にとっての「当たり前」や「普通」、「常識」であるともいえます。あえてことばにするほどのことでもないと思っていたり、指摘されるまで無自覚であることが多いものもあります。

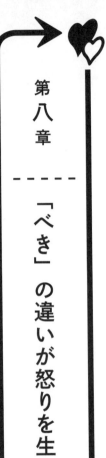

理想や期待といっても、大きなことだけを指すのではありません。日常生活のルール的なことも含まれます。

「物を出したら元の場所に片付けるべき」
「靴はそろえるべき」
「宿題は遊びより先にやるべき」
「夕食の前にお菓子を食べるべきではない」
「出された食事はすべて食べるべき」
「挨拶は目を見てすべき」

ほかにも、「母親はこうあるべき」「父親はこうあるべき」「子どもはこうあるべき」「学校はこうあるべき」など、人や役割についての理想や期待もあるでしょう。

このように、家庭でも職場でも、朝から晩まで、さまざまな「べき」をもって私たちは生活しています。

こうした「べき」はそれ自体、「良くないもの」ではありません。たとえそれをたくさん持っているとしても、悪いことではありません。

ただ、こうした「べき」が目の前で裏切られたとき、私たちは怒りを感じます。怒りの引き金になるのです。

リビングに脱ぎ捨てられた靴下を見たとき、何度も注意したのに子どもが学校に持っていくものを忘れたとき、父親（夫）が子どもの世話をしないでスマホを見ているときなど、私たちの「期待」や「理想」と「現実」にギャップが生じたとき、怒りが込み上げるのではないでしょうか。

だからといって、理想や期待、「べき」をすべて捨てればいいということではありません。そうではなく、まず、自分がどんな「べき」を持っているかを知ることが大切です。

さらにそのうえで、「べき」を点検してみることが必要になります。「べき」の内容が極端ではないか？「べき」に強く固執していないか？ さらに、自分の「べき」を他の人に一方的に押しつけていないだろうか、と点検するのです。

ちなみに、心理学者のマッケイらは、「すべき思考の問題点」を二つ挙げています。

一つは、「あなたが怒りを感じている相手は、あなたにめったに同意しない」ということ。

二つめは、「人は決してすべきことをしない」ということ。

いかがですか? あなたの「べき」は、あなたの価値観とニーズを表しているものであって、相手の価値観やニーズとは異なります。相手にも「べき」があり、それはあなたの「べき」とは違うのです。つまり、あなたと相手の「べきの違い」が怒りを生むのであって、あなたの「正しいべき」に従わない相手が悪いのではありません。

✸「べきログ」

まずは、自分が大切にしている「べき」を知るために、その内容と程度を点検してみましょう。

人に何かをされて、あるいは、人が何かをしてくれないのでイラッとしたら、アンガーログをつけ、そのときに、怒りの背後にある「べき」や「当たり前」を書き出してみてください。

例

○**イラッとしたこと**：久しぶりに友達に会ったが、こちらを気遣うことばをかけてくれなかった。

○**べき**：久しぶりに会う人には気を遣うべき。自分から声をかけるべき。

日常的に怒っていることやイライラすることについても、「べき」を書き出してみることをお勧めします。その際、具体的な行動を書くのがコツです。箇条書きにして、その中で特に自分が大事にしているもの、譲れないものについて、マークしてみましょう。

強く思うこと→◎
まあまあ大事にしていること→○
できれば守りたいこと→△

◎出した物は元のところにしまうべき
△宿題は遊びより先にやるべき
○出された料理に文句を言うべきではない
◎早寝早起きをすべき（○時に起きて、○時までに寝るべき）
△玄関の靴はそろえるべき
○家族そろって食事をすべき

このようなメモを周りの人と比べてみることもお勧めです。特に家族や職場など、身近で毎日のように接する人と比べてみましょう。

怒ったこととその「べき」を出し合って比べてみると、自分の「べき」の強さや、こだわっているポイントがわかるようになります。

もっとよいことは、相手の「べき」を知ることで、自分の「べき」が絶対的なものではないとわかることです。そして、「子どもが私を怒らせる！」「職場の同僚が私を怒らせる！」と思っていたとしたら、実はそうではなくて、互いの「べき」が違うから怒りが生じるだけだったということがわかるようになります。

例えば、

＊親（母）の「べき」→出したおもちゃは、遊び終わったらすぐに片付けるべき

＊子どもの「べき」→おもちゃはまたすぐ遊びたくなるかもしれないから、出しておくべき

自分の「べき」を書き出したり、家族と「べき」を比べたりするうちに、「当たり前」と思って言っていなかった互いの価値観がわかるようになります。日頃のコミュニケーションがスムーズになり、小さなイライラが減るという効果も期待できます。

家族以外の友人や知人と「べき」を比べることもぜひやってみてください。自分のこだわっていた「べき」が、「それほどこだわることではなかった」と思えるかもしれません。「自分の『べき』とは違う人もいる、こういう考え方もある」「それほど怒ることではない」と思えるようになったら、無駄に怒ることはずいぶん少なくなるはずです。

子どもが小学生高学年のとき、私は、学校の先生から言われたとおりに「夜十時までに寝せるように」と必死に頑張っていました。毎晩子どもにガミガミ言い、一分でも過

ぎると激しいことばで責めていたような気がします。

そんなときに、同級生のお母さんが、「うちの子は、夜十二時になっても寝ないのよ〜。カードゲームをやってるの」と話しているのを聞いて、びっくりしてしまいました。そのお母さんは優しそうな方で、私も好感を持っていた人でした。「そういう家庭もあるんだな」と肩の力が抜けたことを覚えています。子どもの健康を考えれば、やはり十時までに寝せたいという考えに変わりはなかったのですが、それができない日があったからと言って直ちに病気になるわけではないんだと気づき、それからは、十時に寝るようにとは注意しましたが、言い方が柔らかくなったように思います。

また、中学生になった息子が学校にお弁当を持っていくようになり、毎日、帰宅すると「お弁当箱を出してね」としつこく言って、それでも出さないときは怒っていました。でも、担任の先生との個人面談のとき、私がそのことで愚痴をこぼすと、先生は「それはそんなに大事なことだとは思いませんが」とやんわりおっしゃったのです。そのことで、私の「弁当箱はすぐに出すべき」という、すべき思考が、少し緩んだのでした。

✸スリーコラムテクニック

このように、「すべき思考」を少し緩めるための自分でできるワークを紹介します。「スリーコラムテクニック」と呼ばれるものです。

三つの欄（コラム）を作り、最初の欄には、怒った出来事を書きます。次の欄には、そこにある「べき」「理想や期待」を書きます。そして、下の欄には、その「べき」を他の人の視点で、緩く書き換えてみるのです。

例

出来事：学校から帰ってきた子ども。遊びに行き、帰ってきても、宿題に取りかからない。ゲームをしたりテレビを見たりして遊んでいる。

べき、理想や期待：宿題は早めに済ませるべき。遊びから帰ったら、すぐに取り組むべき。

別の視点で書き換える：学校で頑張っているのだから、家ではリラックスしたいのだろう。大人でも嫌なことは先延ばしにしがち。先送りしないで取り組めるような工夫が必要かも。

別の視点が思い浮かばないときは、他の人に代わりに書いてもらうこともお勧めです。私はセミナーでこの方法を試してもらうことがありますが、「目からうろこ」の視点を与えられた、と喜ばれています。

✸「べき」の三重丸

もう一つ、「べき」を見極める方法として、「三重丸でゾーン分けする」という方法があります。

三重丸を書き、一番内側の部分が「理想のゾーン」、一番外側が「許せないゾーン」、その真ん中が「理想ではないが、許せるゾーン」です。

真ん中の、「理想ではない、つまり自分の『べき』と一致していないが、許せるゾーン」、この部分が大事です。

「理想」を書き換えるのは難しくても、できるだけ「許容範囲」を広げる、これに挑戦してみましょう。

理想は理想として持ち続けるのはかまいませんが、それが現実とあまりにギャップが大きい場合、つまり、いつも怒ってしまうというような場合、「ハードルを下げる」イメージで、「許容範囲」を設定してみるのです。

どこまでだったら許せるのか、具体的にイメージしてみましょう。具体的に設定すれ

出典：一般社団法人日本アンガーマネジメント協会

ばするほど、不要な怒りから解放されます。そして、「許容範囲」をできるだけ広げたら、「許せないゾーン」に入るまでは「怒らない」「イライラしない」ようにしてください。

①理想「学校から帰ったら、まず宿題をすませる」

②許せる「夕食までに宿題をすませる」

③許せない「夕食が終わっても、まだダラダラして宿題を始めない」

ただし、この①、②、③は、相手（この場合は子ども）と話し合い、了解してもらうことが必要です。

✸子どもの発達に見合った「べき」を持つ

子どもに対して、高い理想（べき）を持つことは、親、または教師や指導者にとって、当然のことといえるかもしれません。それは愛情の表れであり、理想や期待どおりに育ってくれることは、その子にかかわる大人の喜びでしょう。

しかし、発達の度合いは子どもによってかなり個人差があるのも事実です。同じ年齢だからといって、同じことができるとは限りません。子どもの発達の状況に見合った「べき」をもつことが大事なのです。子どもに対して、発達状況とはかけ離れた非常に高い理想、「べき」を押しつけて、それに達していないからといって怒るということには、子どもの心を不必要に傷つけたり、親子関係を悪くする危険性があるのです。

二歳の子どもが友だちと仲良くできないからといって怒る（もちろん、相手をたたくことなどは、やめさせるべきだと思いますが）、三歳の子どもに、幼稚園の準備を一人で全部しないからといって怒る、五歳の子どもが勉強をしないといって怒る、小学校一年生の子どもが忘れ物をしたからといって怒る、思春期の子どもが不機嫌であることに腹を立てる、また、親に「口答え」するからといって携帯電話を取り上げる、などというのは、「行き過ぎ」と感じるのは、私だけではないと思うのですが、いかがでしょうか。

これらはすべて、発達の状況を考えれば「できなくて当たり前のこと」であり、もちろん個人差はありますが、「この年齢なら、これは当然かな」と思えることです。子どもに注意しなくてよいということではありません。教えたり、注意したりする必要はあるかもしれませんが、激怒するようなことではないと思うのです。

今目の前にいる子どもをよく見て、まだ発達の途上にあることを心に留めて、その子にあった「理想や期待」を持つことが大切です。私もたくさん失敗しましたので、自戒を込めてお勧めしたいと思います。

参考図書
『アンガーマネジメント　怒らない伝え方』中田久美著、かんき出版
『怒りのセルフコントロール』マシュー・マッケイ他著、明石書店
『一般社団法人日本アンガーマネジメント協会テキスト』

第九章

怒りの仕分け作業

九章と十章では、怒りと上手につきあうための思考と行動の「整理術」について学んでいきます。

具体的には、怒ったとき、そのあと実際どのように行動するか、その行動を決めるための考え方を整理していきましょう。

ある女性からこんな相談があったとします。

「うちの夫はここ半年ほど残業が多くて、一緒に過ごす時間が少ないの。顔を合わせても会話がないし、無視されているように感じてしまう。もう愛されていないのかもしれないと思ってしまう。私を無視して自分勝手に過ごしている夫にすごく腹が立つ。私はとても傷ついているの。どうしたらいいと思う?」

あなたなら、どう答えますか?

いろいろな答え方やアドバイスがあると思いますが、「この質問の内容には二種類の問題がある」と考えることができます。

まず一つは、夫婦の間の「現実の問題」。つまり「事実」に基づいた問題です。

このケースでは、「夫と妻が一緒に過ごす時間が少ない」、「顔を合わせても会話がない(少ない)」ということがそれにあたります。

一方、女性が訴えているほかの点、「無視されているように感じる」、「愛されていないのかもしれない」、「自分勝手に過ごしている夫」ということは、「事実ではない」とは断定できませんが、もしかすると「誤解」かもしれないし、彼女の「思い込み、推測」だという可能性もあります。

また、彼女が「傷ついている」というのは、「事実」というよりも、彼女の捉え方、感

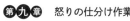

情の問題、といえますので、ここではそのように分類しておきます。

「現実の問題」を解決したいのならば、そこにのみ焦点を当てて解決策を探ります。例えば、「夫と彼女が一緒に過ごす時間をいかに増やし、会話をもてるようにするか」ということ、つまり状況を変える工夫について考えていくことになるでしょう。

そしてもう一つの問題は、彼女の「感情の問題」です。

それは、「夫にすごく腹が立つ」という彼女の怒りの奥にある「一次感情」のことです。彼女には、「愛されていないのではないか」、「寂しい」、「傷ついた」というような「一次感情＝本当の感情」があります。

彼女が本当に求めているのは、この一次感情を扱うことかもしれません。その場合、「現実をどう変えるか」というよりも、あくまで「感情、気持ち」に焦点を当てていくアプローチのほうがいいでしょう。

このように、怒りの問題は、「感情の問題」と「現実の問題」とに分けて考えると、整理しやすくなります。

自分は「現実」を解決したいのか、「感情」に焦点を当ててその癒やしを求めているのか。あるいは、両方を必要としている場合もあるでしょう。いずれにしても、まず何が問題になっているのかを見極めることが必要なのです。

そうすることで問題が整理でき、どのように考えるか、そして、どのように行動するか（しないか）を決めることができるでしょう。整理するためには、それを紙などに書き出すか、誰かに話すというプロセスが必要です。

話は、「怒り」の問題からそれますが、私はスクールカウンセラーとして保護者の方から子どもについての悩み（時には怒りやイライラもあります）を聴いていくと、その中には親自身の「感情の問題」と、子どもの「現実の問題」の両方があり、それが絡み合っていることが多いと感じています。

「現実の問題」は、子ども自身が困っていることですから解決が必要です。例えば、学校でいじめがあった、学校に行きたくても行けない、朝起きられず登校できない、友達とのトラブル、授業中落ち着きがなく集中できない、といったことです。

そして、親自身の「感情の問題」は、そういう子どもを取り巻く状況について湧き上がってくる気持ちのことです。例えば、子どもへの心配、将来への心配・不安はもちろんのこと、学校や先生に対する不満、夫（妻）など関係者への不満が挙げられます。

そのとき、不安や不満の矛先（自分以外の人や状況）ばかりを見るのではなく、自分自身にいかに目を向けることができるかが鍵だと思います。

心配や不安があるときは、まずそれに取り組み、ある程度落ち着いて少し冷静さを取り戻してから現実の問題に取り組むこと。これが納得のいく問題解決への近道となります。

参考図書
『論理療法による3分間セラピー』エデルシュタイン他著、誠信書房

第十章

怒ったときに自分に投げかけたい質問

前の章に引き続き、怒りと上手につきあうための思考と行動の整理術についてさらに見ていきましょう。

何かが起こって怒りが湧いたとき、深呼吸するなどして少し落ち着いたところで、次の二つの問いを自分に投げかけてみます。

✸それは誰の問題か？

まず一つは、「それは誰の問題か」という質問。

私たちは、他の人の問題、つまり「他の人が引き受けるべき問題」のことでイライラしていることが案外多いのではないでしょうか。

例えば、子どもが宿題や勉強をしないとイライラしたり、学校で必要な道具を準備せず、忘れ物やなくし物をよくするということに対して、感情的に叱ってしまうという人は少なくないと思います。

ではなぜ、こういうことでイライラしたり、怒りが湧いてきたりするのでしょうか?

一つには、それをするのが、わが子といういちばん距離が近い関係の人間であることです。特に子どもがまだ幼いとき、小学生ぐらいまでだと、心理的に親子が一体化していて距離が取りにくくなってしまい、自分のことのように感じるということが考えられます。

また、前の章でも見たように、怒りの奥には他の感情(一次感情)があるので、この場合、「子どものことが心配」という一次感情から、怒りが生まれているとも考えられます。

さらにまた、「親の自分が、子どもの行動をコントロールしなければならない」という思い込みがあるかもしれません。

または、「子どもがこんなこともできないなんて、『親は何をやっているんだ』とか、『家庭の教育力が低い』と周りから思われてしまう」というような、自分が批判されることを恐れる気持ちがあるかもしれません。

そういった心配から、あれもこれもと指示を出したり、先回りして手助けをし、それでもうまくいかずにイライラしている場合、それは、親として「機能過剰」になっている、と言えるかもしれません。「機能過剰」とは、他者が責任を取るべきことについて、自分の責任であるかのように感じて引き受けてしまうことで、女性や母親に多く見られる傾向があります。それ自体が悪いことではありませんが、度が過ぎると相手に対して強く怒りを感じることになり、誰の成長にも役立たない、ということになるのです。


ですから、自分の怒り、イライラの奥にある感情を見つめて少し落ち着いてきたら、「それは、本来、誰が引き受けるべき問題なのか？」と考えてみましょう。

子どもの例でいえば、子どもを心配する気持ちは否定しませんが、宿題をする、持ち物をそろえるといったことは本来、「子どもが引き受けるべき問題」だとわかります。それをしなくて困るのは子ども本人だということです。

だからといって、「子どもが引き受けるべき問題なのだから、親は助けない」ということではありません。親には子どもを育てる責任、正しい行動や望ましい行動を子どもに教え導くという責任があるのですから。

ですから、親としてすべきことは、子どもの行動に対して「イライラして怒りをぶちまける」ことではなく、子どもが発達の度合いに応じて自分で解決していけるようになるために、どのように教え、導くべきか、何が子どもの助けになるか、ということを考え、行動を起こすことではないでしょうか。

子どもが忘れ物をしないように、親ができることは何か？　子どもが宿題に取り組みやすくなるために、親ができることは何か？　と考えていくのです。

あるとき家族旅行でホテルに泊まり、チェックアウトしようという時間になって、夫が「ルームキーがない」と言い出したことがありました。そのとき私はすごく腹を立てて夫に文句を並べ、「旅行が台なしになった！」というようなことを言いました。

今思うと極端な反応だったなと感じますが、そのときは、「良い気分で旅行を終えたい」という気持ちが強くあって、「旅行中、悪いことが一つも起こってはならない、失敗してはならない」という「べき」にとらわれていたのかもしれません。夫が失敗してはならない、と自分がコントロールできない事柄についてまでもコントロールしようとしていたために、怒りが湧いたという側面もあるでしょう。

しかし、夫からは、「あなたには関係ないから、放っておいて」という返事があったのです。こう言われてハッとしました。

確かに私はがっかりして怒ってしまいましたが、それは、私に「旅行中にトラブルが起きたら旅行全部が台なしになる」という思い込みがあったから。そして、その思い込みを捨てると、夫のなくし物は私にはどうしようもないことだし、私が責任を取るべきことではない、ましてや腹を立てることではない、と思えてきました。

すべてのトラブルを回避することはそもそも不可能なことです。そして、小さなトラブルが起きれば時間やお金が少し余計にかかるかもしれないけれど（ちなみにルームキーの補償金は千円でした）、私に関係ないといえば関係ない、夫の問題だ、と思うことができ、気持ちを切り替えて、怒りの感情を静めることができました。

✸変えられるか、変えられないか？

もう一つの問いは、「その状況は変えられるか。それとも、変えられないか」という質問です。

例えば、「電車を待つために並んでいたが乗るときに横入りされた」、「職場の人が自分に挨拶をしない」など、イラッとした瞬間、一呼吸おいて、「この状況は、変えられるか？」と考えます。

「変えられる」と思えば、相手に注意する、してほしいことを伝える、など行動に移してみましょう（ただし、やみくもに怒りをぶちまけることはしないでください！）。

でも、「変えられない」と思ったなら、受け入れる。こういう人もいるさ、こういう日もあるさ、とあきらめて受け入れてみるのです。そしてあきらめたなら、イライラを引きずらないようにすることが大切です。

私は以前、子どもに頼まれて買い物に行ったとき、店の前に予想以上に長い行列ができていて、イライラしたことがありました。けれども、それはその日に買う必要があるものだったので、並ぶしかありません。

そのとき私は、この状況は変えられるか、変えられないか、と自分に尋ね、「変えられない」と判断しました（こういう場合、「変えられる」と判断して、買うのはまた別の日にする、別のお店に行くなどしてもいいと思います）。

そして「変えられない」と判断したのだから、イライラしながら待つのはやめようと決め、持っていた本を読んだりスマホを見たりして気分を変えると、穏やかな気持ちで待つことができました。


赤の他人のことなら、その人に関する状況を「変えられない」とあきらめて現状を受け入れることは、それほど難しくないかもしれません。けれども、家族や子どもとなると、「変えられる」もしくは「変えなければならない」と意気込んでしまい、「変えられない」という選択肢を取りにくくなる場合があるかもしれません。

そういうときは子どもの行動を「変えられること」と「変えられないこと」に細かく分けてみましょう。「変えられる」と思うことについては、何をどのように、いつまでに、変えられると思うのか、具体的にイメージしてみるのです。

以前、三歳の娘が遊びから帰りたくないといって泣くとイライラする、というお母さんがアンガーマネジメントのセミナーに来ました。子どもの行動を「変えられるか、変えられないか」と考えてもらったところ、彼女はこのように決めたのです。

「ぐずぐずしてなかなか帰ろうとしない」という行動は「変えられる」。けれど、「泣く」という行動（感情）は「変えられない」と。

ですから、母親としての彼女が集中すべきことは、「子どもが泣かないようにする」ことや「泣かないで、と叱る」ことではなくて、泣くほど帰りたくない気持ちに寄り添いつつ、少しでも子どもが帰りやすいように工夫をするということだ、とわかったのです。

そう答えたお母さんはとてもスッキリした顔をしているように見えました。

ニーバーの祈り

神よ

変えることのできるものについて
それを変えるだけの勇気をわれらに与えたまえ。
変えることのできないものについては
それを受けいれるだけの冷静さを与えたまえ。
そして、変えることのできるものと、変えることのできないものとを
識別する知恵を与えたまえ。

ラインホルド・ニーバー（大木英夫訳）

参考図書
『怒りのダンス　人間関係のパターンを変えるには』H・G・レーナー著、誠信書房
『一般社団法人日本アンガーマネジメント協会テキスト』

第十一章 怒りを生みやすいSNSの罠

この章では、今の社会ならではの怒りといえる「インターネットを使用することで生じる怒りの問題」とその対処について見ていきたいと思います。

✸スマホの普及とSNS

通勤時に電車に乗ると、ほとんどの人——若い人だけでなく、老若男女誰もがスマホをいじっている姿は、異様な光景だなと感じることがあります（かくいう私もその一人なのですが！）。

今は小学生からスマートフォンを持っている子どもも少なくないそうです。小学生のスマホ所持率は二三・〇パーセント、中学生は五四・六パーセント、高校生は九四・一パーセントとのことです（内閣府　平成二十九年度青少年のインターネット利用環境実態調査より）。

スマートフォンが普及したことで、SNS（ソーシャルネットワーキングサービス）の利用者が増えたということが、私たちの生活をある意味大きく変えたといってもいいすぎではないでしょう。

ラインを始め、ツイッター、インスタグラム、フェイスブックなど、誰でも無料で利用でき、ことばや写真、動画などを気軽に投稿して、見てくれる人からレスポンスがもらえて、コミュニケーションを取ることができます。いったん始めると、やりとりが楽しくてやめられない、夢中になってしまうということもあるようです。

しかし、「SNS疲れ」ということばもあるように、度を超してのめり込んだ結果、うんざりして距離を取るようになった人も出ているとか。

そこには、「やりすぎて疲れた」ということもあるでしょうし、もう少し感情的な問題もあるように思います。

✸怒りを生みやすいSNS？

SNSには、「嫉妬を生みやすい」という構造的な特徴があります。自分がフォローしている人、「友達」になっている人の投稿が次々に見られる「タイムライン」には、他の人の楽しそうでキラキラした写真などが続々と上がってくるわけです。友達との旅行、家族との記念日、可愛い子どもたち、仲間との食事、仕事上の活躍、自分が行ったことのない場所の風景などなど、「うらやましい」と感じるものにあふれているのではないでしょうか。

そしてそのほとんどが、自分以外の人たちとその人が親しく写っている写真だったりするのですから、「友達」だと思っていたけれど実は、自分はそんなに親しい関係ではなかったのだ、と思い知ることになるかもしれません。

SNSの写真を見て、自分が集まりに誘われなかったことを知る、ということも珍しくありません。また、親しいと思っていた人たちの間で、自分だけが入っていないライングループができていたということを知り、疎外感にとらわれるということもあるようです。

このように、SNSは楽しい反面、嫉妬や不安が生まれやすい場だということを覚えておきたいと思います。

また、ネット上のやりとりでは、ことばが強くなってしまう傾向があります。

以前、NHKスペシャルで放映された思春期についての番組では、初めて出会った中学生同士にライングループでのやりとりをしてみてもらったところ、最初は楽しくことば（文字やスタンプでのメッセージ）のやりとりをしていたのが、ささいなことから、強いことばの表現になり、ネガティブになっていき、けんかのようになってしまったシーンがありました。

中学生だったから、ということもあるかもしれませんが、SNSやメールなどネット上のやりとりは、顔と顔を合わせてのコミュニケーションに比べて、匿名性ということもあり、強いことばでのやりとりが生まれる可能性があります。誤解が生じ、嫌な気持ちになる可能性が、直接のコミュニケーションより高くなりがちなのです。

SNSでは、「炎上」ということばがあるように、最初は悪気がない発言でも（不用意であったりするかもしれませんが）、悪く受け取られて拡散され、その結果、批判、非難が殺到するということが起こります。

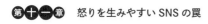

そこまで大きな「炎上」でなくても、厳しいコメントをもらったり、コメントのやりとりが口論のようになってしまったという経験がある人はけっこういるのではないでしょうか。

✸対処はどうする？

そのような危険性を踏まえたうえでSNSを使うときに、不要な怒りから自分を守るためにはどんなことに注意したらいいでしょうか？

SNSを見るとき

人の投稿を見て楽しんでいるうちはよいのですが、イライラすることが増えてきた、批判したくなってきた、嫉妬の感情を覚えることが多くなってきたとします。そんなときにまずお勧めしたいことは、怒りの一次感情である「嫉妬、ねたみ、不安」などが自分にある、ということを認め、受け止めるということです。

一次感情を否定したり見ないようにしていると、自覚できなくなり、気づいたときには、とても大きくなっていて、怒りが爆発するという事態になりかねません。まず一次感情を自覚すること。そして、そういう自分を責めたり嘆いたりしなくてもよいのです。嫉妬も不安も、誰もがもつ感情であり、当たり前のものであると受け止めましょう。

次に、ＳＮＳからいったん距離を置くということを試みます。

これは期間などを具体的に決めることが大事です。例えば一週間、ＳＮＳのアプリ自体を見ないようにする、あるいは、見たくない人の投稿を非表示にする、そして最終的には、アプリを削除する、などです。そもそも、スマホ自体に触れる時間を減らす、ということも必要かもしれません。

見ていてイライラするものから距離を取るのは、「タイムアウト」といって、イライラする対象（人）から距離を取るというアンガーマネジメントの対処法と同じことです。

また、毎日見ているＳＮＳを見ないようにするということは、「ブレイクパターン」というアンガーマネジメントのテクニックでもあります。いつも同じことでイライラしている場合、いつもと少し違う行動をあえてするという方法ですが、そうすることで、イライラから解放され、「怒らないで過ごす」という成功体験を重ねることができるようになります。

SNSに投稿するとき

SNSに自分から投稿するとき、また人の投稿にコメントするときには、人を傷つけるようなことばや写真・動画ではないかどうかということを、いったん落ち着いて確認してから行いましょう。

受け取る側の問題である場合もあるので、百パーセント人を傷つけないということはありえないかもしれませんが、できるだけ、人の負の感情を刺激しないように気をつけましょう。

また、自分の投稿・発信に対して、思うようなレスポンスが得られなくて感情的に落ち込んだり、イライラしたりして振り回されてはいませんか？　そうなっていると思ったら、一時、距離を置くなどの工夫が必要かもしれません。

SNSは、時間や距離を超えて人とつながることができ、上手に使えば便利なツールです。怒りを生みやすい面に留意しつつ、賢く活用できるといいですね。

参考図書
『アンガーマネジメント入門』安藤俊介著、朝日文庫

第十二章

伝わらなければ意味がない

怒りは個人の感情であり、その人の内面から生まれるものですが、多くの場合、他の人への感情の伝達や、コミュニケーションの一手段として使われているものでもあります。

人に対して「いったい何をしているの！」「いいかげんにしなさい！」あるいは、「しっかりしろ！」と怒ったり叱ったりするとき、相手に何かを伝えたくて怒っていることがほとんどではないでしょうか（ここでは、「怒る」と「叱る」を区別しません。自分より目下の人、立場の弱い人に怒ることを「叱る」と考えてください）。

そして、怒りの表現のしかたによっては、何について怒っているのかうまく伝わることもありますが、単に怒りを爆発させているだけでは、まったく伝わらないこともあるのではないでしょうか。怒りは、その内容を望ましいかたちで、わかりやすく伝えることが必要なのです。

そこで十二章と十三章では、怒りを上手に伝えるスキルを学んでいきます。

まず考えたいのは、怒る目的は何かということです。職場や家庭で怒るとき、その目的は何でしょう?

怒りの感情やイライラをぶちまけて自分だけがスッキリすることでしょうか?

相手を罵倒し、傷つけることでしょうか?

そうではなくて、「自分の気持ちや考えを相手に伝えること、相手にわかってもらうこと、ひいては行動を変えてもらうこと」が目的のはずです。それを忘れないようにしましょう。

もし、自分のイライラが止まらず、周りの人に当たり散らしているだけではないか、と少しでも思うなら、前に述べた「怒りの奥にある一次感情」を思い出してください。怒りの奥にあるネガティブな感情やストレスへの対処がうまくいっていないためにイライラが止まらず、誰かにぶつけたくなる、ということが起きているかもしれません。その場合、周りの人に当たり散らしても怒りは収まらず、かえって自分が興奮して、さらに怒りをつのらせてしまうことになりかねません。三章の「反射的に反応しない」のところで見たように、その場を離れてクールダウンするようにしてみましょう。

それでは、伝え方の問題に戻ります。まず、望ましくない怒り方、伝わりにくい怒り方の例を見ていきましょう。

夫とのコミュニケーションがうまくいかずイライラしている妻の例です。

「あなたは**いつも**私を無視する」

「あなたは**絶対**私のことをわかってくれない」

「**何で**私ばかりこんな思いをしなくちゃならないの？　あなたは**何の**努力もしてくれない……」

太字の言葉は、怒ったとき、誰もがよく使ってしまいがちなことばの例です。このように強調した表現を使えば気持ちが伝わると思うかもしれませんが、実は、このようなことばを使うことは逆効果なのです。なぜ逆効果なのかを一つ一つ見ていきましょう。

「いつも」、「絶対」、「何もしてくれない」などの決めつけ表現やオーバーな表現をすることは、自分の怒りを正当化したいがためのことばであり、かえって怒りをエスカレートさせます。自分で自分の怒りの火に油を注いでいるということなのです。

これらの決めつけ表現や極端、大げさな表現を使っているなと思ったら、それは自分が冷静さを失って、怒りの感情に身をまかせてしまっている証拠、と思ってください。そのようなことばは避け、できるだけ正確な表現を使うようにしましょう。

また、「何で」というのは、理由を尋ねるというよりも、相手を責める表現として受け取られがちです。本当に理由が聞きたいのならば、「しなかった理由、できなかった理由が知りたいから教えてほしい」と伝えましょう。

さらに、問題解決という視点からは、「できなかった理由」を尋ねるよりも、「本当はどうすべきだった？」「これからどうしたらいいと思う？」ということを尋ね、話し合っていくほうがよいでしょう。

また、「前から言おうと思っていた」と、過去を持ち出す表現も使ってしまいがちですが、これも問題があります。怒っている内容について伝えたいときは、そのときのことだけに絞ったほうが伝わりやすいのです。特に子どもに伝えるときはポイントを絞って、一度に一つのことを伝えるようにしましょう。多くのことを言うと混乱しますし、誰でも長い説教は聞きたくありませんから、上の空にもなります。

また、相手にしてほしいことを伝えるときやお願いするとき、「早く」「もうちょっと」「しっかり」「ちゃんとして」「自覚をもって」「空気を読んで」といったことばは避けましょう。こうしたことばは人によってイメージや解釈が違うので、正確に伝わらないのです。

このような曖昧なことばで動いてくれる相手だったらよいのですが、何度言っても変わらない、伝わらないと感じる場合は、ことばを変えてみましょう。してほしいことの内容を伝えるときは、具体的な行動を示すこと、場合によっては数字で表すことがお勧めです。

「家事をもうちょっと協力してほしい」→「○○と○○を分担してほしい」

「できるだけ早く」→「一週間以内」「今日中」など。

次の章では、さらに具体的に伝える方法を見ていきましょう。

「柔らかな答えは憤りを鎮め、激しいことばは怒りをあおる」（旧約聖書箴言一五章一節）

「主よ　私の口に見張りを置き　私の唇の戸を守ってください」（旧約聖書詩篇一四一篇三節）

参考図書
『アンガーマネジメント―怒らない伝え方』戸田久実著、かんき出版
『一般社団法人日本アンガーマネジメント協会テキスト』

第十三章　上手な怒りの伝え方

前の章に引き続き、「怒りの感情の上手な伝え方」についてさらに学んでいきましょう。怒りはパワーがあり、強力な伝達手段になりうるものですが、本当に伝えたいことを伝えるためには、やみくもに怒りを爆発させるよりもずっと効果的な伝え方があります。それはアサーティブ（assertive＝主張型、積極的な）コミュニケーション、またはアサーション（assertion＝主張）と言われるコミュニケーションの技術です。

どんなものか見てみましょう。

例：　夫に家事を手伝ってほしい妻の言動パターン

① あなたって家のことは何にもやらないよね。私が疲れてるのに忙しく動き回ってる

のが見えてないの？　信じられない！　普通は手伝うでしょ、自分から！

②　何も言わず、ため息をつく。気づいてほしくて、わざと大きな音を立てて食器を洗う。

③　ねえ、ちょっと聞いてほしいんだけど、いい？　最近、子どもも動き回るようになってきて目が離せないし、一日家事と育児でけっこう疲れるの。少しでいいから、家事を分担してくれるとすごく助かる。

この例では、③がアサーティブコミュニケーションに当たります。

それは、相手を責めたり決めつけたりするような「攻撃的なコミュニケーション」（例の①）ではなく、かといって、我慢して何も言わない「受け身的コミュニケーション」（例の②）でもありません。相手を尊重したうえで、自分の気持ちや考え、要求もきちんと伝えるコミュニケーションのことです。

アサーション、アサーティブということばは日本語には訳しにくいのですが、「さわやかな自己主張」、「賢い自己主張」というように訳せることばです。

アサーティブなコミュニケーションの背景には、相手も自分も大切にしてお互いを尊重するＷｉｎ Ｗｉｎ（両者にとって利益がある）の関係があります。相手の上に立つわけでもなく、逆に、卑屈になったり、自分を下げすぎたり、ご機嫌とりをするわけでもなく、自分と相手は対等な立場であり、対等なコミュニケーションをするという気持ちがそこにはあります。

怒りの感情が湧いてきたとき、そしてその怒りは相手に伝えるべきものであると判断したとき、アサーティブコミュニケーションを使って伝えてみましょう。

その中から一つの技法を紹介します。DESC法と呼ばれるものです。

D describe　描写する～起きている出来事、状況を描写します。非難するのではなく、できるだけ客観的事実を述べることが大事です。

E express　表現する～自分の気持ちや考えを表します。怒りの前にある一次感情を伝えることも含みます。「私」を主語にした「I（アイ）・メッセージ」で表現することが望ましいです。

S specify　特定する・提案する～相手にしてほしいこと、お願いなどを具体的に伝えます。前の章で見たように、特定の行動を提案するくらい具体的に伝えることがポイントです。

C choose　選ぶ～行動の選択肢を示して、相手に選んでもらうということです。

この四段階で、自分が怒りを感じている内容を相手に知らせ、そのことについての要望を伝えるというのがDESC法です。

例として、小学校低学年の子どもへの声かけを考えてみましょう。片付けをしない子どもへの声かけです。


【NG例（攻撃的）】

「早く片付けなさい！　片付けないとおもちゃ捨てちゃうよ！　いつも出しっぱなし。だから学校の持ち物もなくすんでしょ。だらしがないんだよね」


【アサーティブ例】

「おもちゃで遊んだあと、まだ片付けてないで出しっぱなしだね（事実の描写）。あとでお母さんが片付けるのは嫌だな。自分のものを大事にしてほしいから、なくならないように元に戻してほしいな（気持ち、考え）。あと十五分で夕食だから、それまでに、このおもちゃを箱に入れよう（提案）。今ならお母さんも手伝えるから、一緒にやる？　それともあとで一人で片付ける？（選択）」

次に、中学生や高校生、帰宅後に弁当箱を出さない子どもへの声かけです。

【NG例（攻撃的）】
「何度言っても、いつもお弁当箱を出さないいんだから！ ひどいね。だらしがない子！
もうお弁当作らなくてもいいいってことね！」

【アサーティブ例】
「帰ってきて一時間以上たつけど、まだお弁当箱が出ていないね（事実の描写）。
疲れているし、めんどくさいのはわかるけど、あとでいいやと思っていて忘れられると
お母さん困る（気持ち）。協力してもらえないと悲しいし、むなしい（気持ち）。
できたら今すぐに出してほしい（提案）。
あとでするというなら自分で洗ってね（選択）」

必ずしも、毎回「選択」まで入れなくてもよいかもしれません。最低限、事実、気持ち、提案の順で伝えてみてください。ここでは、同じことに怒りながら、伝え方の違いで相手に取り合ってもらえない場合と、受け止めてもらえた場合をマンガで見てみましょう。

早紀のオトナな伝え方

ぎゃはは
○○中学校
こうだ
こう
そんでさー
ガン
ちょっと男子！
いつもいつも
女子ばっかり
掃除してるんだけど！
人が一生懸命
掃除してるのに
くだらない話して
恥ずかしくないの?!
いい加減にしてよ！
うわ
うっせえなー
ガミガミ！

文句言ってる
ひまがあるんなら
おまえが手を動かせば
いいじゃん
そーだ
そーだ
そしたら
早く終わるだろ〜
はあ?!
何だよ〜
何よー
あのさ　女子だけで
やってると時間が
かかるし　部活に
間に合わなくなりそう
なんだよね　(D)
私も「何で女子だけ?」
って　やっぱり思うし
(E)

床掃きは終わったから
机を戻すのは男子に
お願いできる？（S）
無理だって言うなら
今度学級会で
話し合おうか（C）
わかったよ！
机は戻しておくから
さっさと部活に行け！
早紀〜！
早紀って
オトナ〜
かっこいいい♡

いかがでしたか？　上手な伝え方をすることで、相手の態度が変わった、あるいは、自分と相手の関係がよくなった、と言われる方もいます。

ただし、アサーティブコミュニケーションは、自分の気持ちや欲求を確認し、伝えることが目的であって、相手がすぐに要求に応じてくれるとは限らないということも心に留めておきましょう。相手も自身の行動を決める権利があるのですから、あなたが相手の行動を百パーセント、コントロールできるものではないと覚えておいてください。

相手と意見や「べき」が異なっても、お互いの価値観を尊重しながら、わかり合おうとする努力、ゆずり合ったり、折り合いをつけようとする努力が、アサーティブコミュニケーションの核なのです。

アサーティブコミュニケーションのような伝え方を今までしてこなかった人にとっては、このような新しいスキルを身につけるには時間がかかるでしょう。最初はうまくできなくて当たり前。はじめはぎこちなく感じるかもしれませんが、自分にとって自然な声かけになるまでにもっていくには練習、トレーニングが必要です。あきらめずに、何度も繰り返して練習していきましょう。

参考図書
『改訂版アサーション・トレーニング　さわやかな〈自己表現〉のために』平木典子著、金子書房
『怒りのセルフコントロール』マシュー・マッケイ他著、明石書店

第十四章

アンガーマネジメントは若いうちから

私がアンガーマネジメントを学んだのは、わが子がすでに中学生と小学生のときでした。振り返って思うことは、もっと早くこの学びに出会っておきたかった、ということです。子どもが小さいうちに、または生まれる前に、親がアンガーマネジメントを学び、身につけることができていたら、それは子どもや家族にとって、大きなプレゼントになると思うからです。

親が実践することで、家族の中で無駄にイライラしたり怒ったりすることが減って、家族関係が穏やかで健やかなものになると思いますし、それに加えて、親の姿を見て子ども自身がアンガーマネジメントを身につけるチャンスがあるのです。

ですからこの最後の章では、子どものいる方は親子で一緒にアンガーマネジメントに取り組むこと、または、親が子どもにアンガーマネジメントを教えるということをお勧めしたいと思います。

私は常々、子どもたちが学校でアンガーマネジメントを学ぶ機会があったらいいなと思っているのですが、まだすぐには実現しなさそうですので、まずは家庭で教えていきましょう。『イラスト版　子どものアンガーマネジメント：怒りをコントロールする43のスキル』などの本を親子で読みながら学んでいくとやりやすいと思います。

アンガーマネジメントは、五歳くらいから学ぶことができます。思春期に入る前、できたら十歳前までに学ぶことがお勧めです。思春期に入ると気分が不安定になりイライラしたり、友達同士の関係が複雑になったり、大人の言うことに反発する子どもも増えてくるからです。そういう時期が来る前、素直に吸収できる小さい子どものうちに学ぶことがよいと思います。でもその時期を過ぎたからといって、学ぶのに遅すぎるということはありません。

子どもに教える場合、本書で見てきたようなことを伝える前に、最初に教えたいことがあります。それは、感情全般についての理解です。

怒りだけでなく、人の感情にはどのようなものがあるのか、表情を描いた絵などを見ながら親子で話しましょう。うれしい、楽しい、喜ぶ、悲しい、寂しい、びっくり、悔しい、がっかり、怒り、など、すでに描いてある表情の絵を見て話したり、自分で顔の絵を描いてみるなどします。

そして、そのような気持ちになるのはどんなときか？　と、子どもの気持ちに引きつけて問いかけてみます。「今の気持ちは？」と質問するのもいいですね。「自分の気持ちに気づき、それをことばで表現する」ことを目指してみるのです。

そのときに気をつけたいことは、悲しい、嫌だ、つまらない、むかつく、などのネガティブな感情であっても、否定しないようにするということです。「この感情は悪い感情」とか、「そういうふうに感じてはだめ」ということは、口にしないでください。

ネガティブであっても、ポジティブであっても、いろいろな感情が自分のうちにある、まずそれを知ることが大事だからです。ネガティブな感情を感じないように教えてしまうと、そうした感情に気づきにくくなり、かえって対処がしにくくなるからです。

小学校低学年ぐらいまでは、生活の中でネガティブな気持ちを経験したときに、親、または親しい大人が、その気持ちに寄り添いながら受け止め、ことばにしてあげることがとても大切です。

怒りの前にある一次感情と重なりますが、「つらいね、嫌だったね、悲しいね、くやしいね」というようなことばをかけてあげてください。そのことで子どもは、身体で感じていることとことばがつながり、ネガティブな気持ちを自分の心に収めたり、ことばで表現することができるようになります。むしゃくしゃしても、暴れたり物に当たったりするのでなく、ことばで表現し他者に伝える、という対処法を学ぶのです。


怒りのマネジメントに戻りますが、小学校低学年ぐらいでは、「怒りの感情」そのものを絵に描いてみる、ということもお勧めです。絵を描くということで楽しく学ぶことができ、目に見えない感情を目に見えるかたちに表してみる（外在化する）ことで、コントロールできる、という感覚を養うことができるようになります。

また、身体と感情のつながりを学ぶために、「怒ったとき、身体はどうなっている？」というテーマで絵を描くこともお勧めです。

シンプルな人の絵を描いて、そこに、怒ったときに生じる変化を書き込みます。顔の表情はどうなっているか、目がつり上がる、声が大きくなる、眉間にしわがよる、頭が熱くなる、心臓がドキドキする、握り拳を作る、足を踏みならす、肩に力が入る、など、思いついたことを書き入れます。

身体の変化を把握しておくと、それによって、怒りが小さいうちに気づいて、大きくならないように対処することができるようになります。

そのようにして、怒りやいろいろな感情をことば、また絵で表してみましょう。

そのあとに、本書で見たような怒りの対処法を学んでいくのがよいと思います。小学校高学年でしたら、怒りの日記、アンガーログを書いてみる、スケール（点数）をつけてみることもできます。怒りを遅らせるテクニックも、一緒にやってみることができるでしょう。

小学生から、怒りの奥にある一次感情を考えてみるということもできるようになります。自分の怒りの例で考えるのが難しいときや抵抗があるときは、お話を作ったり、物語の登場人物の怒りについて考えてみます。

そして、小学校高学年では、怒りを生じさせる引き金思考――「べき」や価値観の違いについても、親子で話し合うことができると思います。

さらに、怒りの表現方法、アサーティブコミュニケーションについても少しずつ学ぶことができるでしょう。「私」を主語にして話したときと、「あなた」を主語にしたときでは、言われた印象がどう違うかなど、実際にやってみることもお勧めです。

気をつけたいことは、子どもが学ぶのを嫌がっているのに、無理にやらせようとしないことです。また、やろうとしないからといって怒らないでください。無理に押しつけても身につきませんし、何事にも最善のタイミングというものがあります。子どもの行動や気持ちを強引にコントロールしようとしないでくださいね。

親がアンガーマネジメントに取り組んで変わっていく姿を見ていれば、子どもはきっと興味をもってくれると思います。そのときを期待しながら待ちましょう。

参考図書
『イラスト版　子どものアンガーマネジメント：怒りをコントロールする43のスキル』篠真希・長縄史子著、合同出版
『ちゃんと泣ける子に育てよう　親には子どもの感情を育てる義務がある』大河原美以著、河出書房新社

おわりに

最後までお読みくださりありがとうございました！　これであなたは、「上手に怒る人になる」ための基礎的な学びを終えました。

けれども、「上手に怒る人になる」旅は、まだまだ続きます。毎日の生活の中で「上手に怒る」ためには、トレーニングが必要だからです。この本にある12のスキルを自分のものとして習慣化するために、できることから毎日少しずつ取り組んでくださいね。

ここで、12のスキルのおさらいをしましょう。

スキル１　怒りを客観視するためのアンガーログ
スキル２　強弱をつけて怒るスケールテクニック
スキル３　反射的に怒りを表さないための７つの工夫
スキル４　自己観察能力を高めるマインドフルネス

スキル5　怒りの一次感情に対処する迂回法
スキル6　引き金思考を対処思考に置き換える
スキル7　スリーコラムテクニック
スキル8　怒りの中味を分類する
スキル9　怒ったときに自問する
スキル10　ブレイクパターンでＳＮＳトラブルにも対処
スキル11　アサーティブな伝え方　ＤＥＳＣ法
スキル12　子どもにアンガーマネジメントを教えるテクニック

いちばん身につけたいスキルはどれですか？　または、最初に取り組めそうなものはどれでしょう？

これから毎日、その日にやってみたスキルをカレンダーや手帳に書き留め、特に上手にできたものには印をつけるなど、トレーニングの過程そのものも可視化しておくことをお勧めします。

アンガーマネジメントは、やることが具体的ではっきりしていることが特徴。取り組みやすいので、自分の怒りに悩む人にとって、「これをやっていけばいつかは怒りの問題が解決する。大丈夫」と希望がもてることが良い点と言えるでしょう。

それだけでなく、怒りを誰かや何かのせいにせず、「自分の感情に責任をもつ」、「自分の感情を大切にする」、「自分と向き合う」という考え方がベースにあるところが、アンガーマネジメントのもう一つの魅力なのでは、と思うのです。

この本をきっかけに自分の感情について、あるいは自分についての深い理解が生まれ、親子関係や身近な人間関係が豊かなものになることを心から願っています。

本書は、「百万人の福音」（いのちのことば社）に連載されたものに加筆し、再編しました。マンガ家のむぎさんは、連載中から、わかりやすく親しみやすいイラストをつけてくださり、単行本化にあたっては、新しくマンガを書き下ろしてくださいました。

連載のきっかけを作ってくださった編集者の結城絵美子さんは、自ら、私のアンガーマネジメントセミナーに参加され、自分のこととして、アンガーマネジメントを学んでくださいました。連載中から、単行本の企画、脱稿に至るまで、あたたかく伴走してくださり、時には、鋭い意見や質問を投げかけて、アンガーマネジメントについての新たな気づきを与えてくれました。結城さんとのディスカッションから生まれた章もあります。マンガのストーリーも考えてくださり、本当にお世話になりました。心から感謝いたします。

また、一般社団法人日本アンガーマネジメント協会の講座がなかったら、私はここまでアンガーマネジメントの学びを深めることはなかったでしょう。充実したコンテンツを作り、研修の機会を与え続けてくださっている協会代表理事の安藤俊介さんには深く感謝申し上げます。

二〇一二年にアンガーマネジメントファシリテーター™になって以来、研修や講演などであちこちから声をかけていただけるようになったのも、日頃よりお世話になっている日本アンガーマネジメント協会のバックアップのおかげです。
最後に、私がアンガーマネジメントを学んだことをいちばん喜んでいるであろう夫と子どもたちに、執筆や仕事に忙しく家事がままならない私を忍耐してくれてありがとうと伝えたいと思います。

二〇一八年十月五日

小渕朝子

著者　小渕朝子（おぶち・あさこ）

臨床心理士

一般社団法人日本アンガーマネジメント協会アンガーマネジメントファシリテーター™

玉川聖学院カウンセラー

青葉台カウンセリングルーム代表

http://www.aobadai-counseling.com/

＊本書は「百万人の福音」（いのちのことば社）に連載（2017年1～12月号）されたものに加筆し、再編したものです。

上手《じょうず》に怒《おこ》る人《ひと》になる
子育てが楽になるアンガーマネジメント

2018年12月20日 発行
2022年11月1日 3刷

著者　小渕朝子

マンガ　むぎ

発行 いのちのことば社

〒164-0001 東京都中野区中野2-1- 5
編集 Tel.03-5341-6924 Fax. 03-5341-6932
営業 Tel.03-5341-6920 Fax. 03-5341-6921

ブックデザイン Yoshida grafica 吉田ようこ

印刷・製本 シナノ印刷株式会社

ISBN978-4-264-04000-2 C0011